AS LIGAS CAMPONESAS

Coleção Clássicos Brasileiros das Ciências Sociais
Coordenador: André Botelho

Dados Internacionais de Catalogação na Publicação (CIP)
(Câmara Brasileira do Livro, SP, Brasil)

Bastos, Elide Rugai
  As Ligas Camponesas / Elide Rugai Bastos. – Petrópolis, RJ :
Vozes, 2025. – (Coleção Clássicos Brasileiros das Ciências Sociais)

  Bibliografia.
  ISBN 978-85-326-6914-8

  1. Agricultura 2. Antropologia social 3. Áreas rurais
4. Movimentos sociais 5. Trabalhadores rurais –
Condições sociais I. Título II. Série.

24-225535   CDD-301.42

Índices para catálogo sistemático:
1. Antropologia social   301.42

Aline Graziele Benitez – Bibliotecária – CRB-1/3129

ELIDE RUGAI BASTOS

AS LIGAS CAMPONESAS

EDITORA VOZES

Petrópolis

© 1984, 2025, Editora Vozes Ltda.
Rua Frei Luís, 100
25689-900 Petrópolis, RJ
www.vozes.com.br
Brasil

Todos os direitos reservados. Nenhuma parte desta obra poderá ser reproduzida ou transmitida por qualquer forma e/ou quaisquer meios (eletrônico ou mecânico, incluindo fotocópia e gravação) ou arquivada em qualquer sistema ou banco de dados sem permissão escrita da editora.

CONSELHO EDITORIAL	PRODUÇÃO EDITORIAL
Diretor	Aline L.R. de Barros
Volney J. Berkenbrock	Anna Catharina Miranda
	Eric Parrot
Editores	Jailson Scota
Aline dos Santos Carneiro	Marcelo Telles
Edrian Josué Pasini	Mirela de Oliveira
Marilac Loraine Oleniki	Natália França
Welder Lancieri Marchini	Priscilla A.F. Alves
	Rafael de Oliveira
Conselheiros	Samuel Rezende
Elói Dionísio Piva	Verônica M. Guedes
Francisco Morás	
Teobaldo Heidemann	
Thiago Alexandre Hayakawa	

Secretário executivo
Leonardo A.R.T. dos Santos

Editoração: Franklim Drumond | Piero Kanaan
Diagramação: Editora Vozes
Revisão gráfica: Fernanda Guerriero Antunes
Capa: Érico Lebedenco

ISBN 978-85-326-6914-8

Este livro foi composto e impresso pela Editora Vozes Ltda.

Sumário

Apresentação – Clássicos Brasileiros das Ciências Sociais, 7
   As Ligas Camponesas, 10

Introdução, 13

1 – Os "galileus", 21
   O "Galileu" e o seu trabalho, 26
   O "Galileu" e seu projeto, 37
   Consciência de privação, 38
   Consciência da desigualdade, 41
   A definição do adversário, 44

2 – Expansão regional do movimento (1955-1961), 49
   Base Social do Movimento, 56
   A organização das "ligas", 71
   Táticas de mobilização, 76

3 – Expansão nacional do movimento (1961-1963), 85
   O contraprojeto do adversário, 93
   A reforma agrária, 95
   O Estatuto do Trabalhador Rural, 97
   Colonização e cooperativismo, 102

4 – Desarticulação das "ligas" e elaboração de novo projeto, 109
Crise interna, 110
Propostas de reorganização – O novo projeto, 115
Escalada da repressão, 120

5 – As Ligas Camponesas e o Estado nacional, 125

Posfácio, 131

Anexos, 149

Anexo I
Conselho Nacional das Ligas Camponesas do Brasil, 151

Anexo II
Organização política das Ligas Camponesas no Brasil, 162

Anexo III
Declaração de Belo Horizonte, 165

Anexo IV
Depoimento, 171

Referências, 175

Apresentação
Clássicos Brasileiros das Ciências Sociais

Que país é este? Em cada momento de crise, a sociedade brasileira parece movida por e para essa pergunta – às vezes de modo atônito, outras vezes de modo anômico. Seus intelectuais, artistas e atores políticos a refazem, para si mesmos e para o conjunto da sociedade. E assim tem sido há muito tempo: de José Bonifácio a Emicida, sem esquecer o grupo de rock Legião Urbana, que a prendeu vibrando nas gargantas de gerações desde os anos de 1980.

Bem, considerando o quanto a pergunta já foi feita e refeita na sucessão das gerações, talvez devêssemos, então, começar por outra questão: se vivemos em uma permanente ou reiterada crise de identidade coletiva, por que a crise atual deveria ser levada mais a sério do que as anteriores? E mais: ainda faz sentido continuar refazendo essa pergunta? O que torna a situação mais complexa do ponto de vista social – e mais urgente do ponto de vista das ciências sociais – é que poucas vezes os conflitos sobre "que país é este?" foram expostos de forma tão aberta e violenta como agora, sem que haja, contudo, qualquer consenso significativo quanto a possíveis respostas à vista.

Vivemos tempos de tantas incertezas que é fundamental estarmos atentos para não nos apegarmos às certezas herdadas sobre a sociedade brasileira e sobre a sociedade em geral. A capacidade de duvidar, de estranhar, de tornar o familiar distante e o distante compreensível, que constitui a base das ciências sociais, nunca foi tão necessária. Somos profissionais da desnaturalização, ou seja, é nossa responsabilidade mostrar e argumentar sobre o caráter de construção social dos fenômenos que, dos mais corriqueiros aos mais extraordinários, parecem enraizados no cotidiano, "naturalizados" e transformados em rotinas, às vezes quase automáticas.

Na sociologia contemporânea, inúmeros debates têm girado em torno da questão do "referente" empírico da disciplina. Com a intensificação dos processos globais em todos os níveis, a ideia de que o campo privilegiado de estudos da sociologia seriam "sociedades" fechadas – isto é, totalidades autocontidas e territorializadas, ainda que internamente diferenciadas – passou a ser amplamente criticada. O sociólogo alemão Ulrich Beck (2002), por exemplo, provocava ao afirmar a urgência de abrir o "contêiner do Estado-nação", livrar-se de "categorias zumbis" (categorias baseadas em pressupostos históricos obsoletos) e refundar a sociologia, dotando-a de novas bases conceituais, empíricas e organizacionais como uma ciência da realidade transnacional.

Por outro lado, justamente devido a esse compromisso com a "desnaturalização", não podemos nos refugiar no presente, como provocava Norbert Elias (2005), outro sociólogo alemão de uma geração anterior. O que vivemos hoje, por mais inusitado e opaco que ainda pareça, não se esgota no presente; é, antes, parte de processos sociais mais amplos. A ideia de "processo" é uma chave fundamental para entendermos a crise atual, pois permite, ao investigar as inter-relações entre ações significativas e contextos estruturais, compreender tanto as consequências inesperadas quanto as intencionais nas vidas individuais e nas transformações sociais.

No prefácio de *Os nossos antepassados*, Italo Calvino (1997) confessa seu desejo pessoal de liberdade ao escrever, ao longo da década de 1950, as três histórias "inverossímeis" que compõem o livro, buscando se distanciar da classificação de "neorrealista" atribuída a seus escritos anteriores. Com sua trilogia, Calvino procurou, acima de tudo, sugerir três níveis diferentes de aproximação da liberdade na experiência humana, que "pudessem ser vistas como uma árvore genealógica dos antepassados do homem contemporâneo, em que cada rosto oculta algum traço das pessoas que estão à nossa volta, de vocês, de mim mesmo" (p. 20). Mais do que o caráter imaginário da "genealogia" (certamente relevante, mas não surpreendente, já que toda pretensão genealógica carrega consigo uma boa dose de bovarismo), a confissão de Calvino revela, especialmente quando se considera o contexto em que escreveu – "[...] Estávamos no auge da Guerra Fria, havia uma tensão no ar, um dilaceramento surdo, que não se manifestavam em imagens visíveis, mas dominavam os nossos ânimos" (Calvino, 1997, p. 9) –, o quanto, em momentos particularmente dramáticos no plano social, a busca por uma perspectiva que conecte a experiência presente ao passado pode funcionar como "um impulso para sair dele" (do presente) e, assim, enxergar com maior clareza as possibilidades de futuro.

Essa peculiar reflexão de Calvino sobre a utopia, em que a reconstrução do passado desempenha um papel crucial na construção do futuro, volta e meia me ocorre quando reflito sobre o tipo de trabalho intelectual envolvido nas ciências sociais. Isso, sobretudo, porque as interpretações do Brasil são elementos fundamentais para entender a articulação das forças sociais que operam no desenho da sociedade, contribuindo para movê-la em determinadas direções. Ou seja, não se pode negligenciar a relevância dessas formas de pensar o Brasil no âmbito da "cultura política", pois muitas delas deram vida a projetos, foram incorporadas por determinados grupos sociais e se institucionalizaram, ainda hoje informando valores, condutas e práticas sociais.

Assim como ocorre em relação aos antepassados inverossímeis de Calvino, são as relações sociais e políticas em curso na sociedade brasileira que nos convocam constantemente a revisitar as interpretações de que ela foi objeto no passado, e não o contrário. Afinal, nas interpretações do Brasil, podemos identificar (e nos identificar com) proposições cognitivas e ideológicas que ainda nos interpelam, uma vez que o processo social nelas narrado – em resposta às questões e com os recursos intelectuais disponíveis em seu tempo – permanece, em muitos aspectos, em aberto. Do ponto de vista substantivo, convenhamos, esse processo encontra sua inteligibilidade sociológica na modernização conservadora que, feitas as contas dos últimos anos, seguimos vivenciando. É a partir dela que a mudança social tem se efetivado, ainda que muitas vezes mantendo praticamente intactos ou redefinidos noutros patamares problemas seculares.

O que vivemos, o que não mais vivemos e o que ainda não vivemos estão sempre ligados a um processo mais amplo, do qual o presente é apenas uma parte – e, frequentemente, uma parte opaca para a maioria de nós. Mais do que um simples registro factual sobre a formação histórica, as interpretações do Brasil funcionam como dispositivos narrativos que possibilitam acessar esse processo que afasta e também aproxima presente e passado, surpreendendo a "sociedade" se pensando em momentos de crise.

O universo dos clássicos das ciências sociais é dinâmico, como já pude discutir noutra oportunidade (Botelho, 2013). O cânone só existe porque é simultaneamente resultado e motivo de conflitos. Recentemente, no debate internacional, novas posições e autores vêm sendo propostos para tornar o cânone menos eurocêntrico, menos masculino, menos branco. É uma alegria para nós, e para a Editora Vozes, participar desse momento propondo uma coleção que reúne grandes expoentes das ciências sociais (em *lato sensu*) brasileiras, ou seja, da periferia do capitalismo, mas que superam as expectativas da divisão internacional do trabalho intelectual assentada na geopolítica do conhecimento. Os títulos selecionados não são meros exemplos de estudos de casos; eles interpelam teoricamente as ciências sociais como um todo. Uma alegria adicional é iniciarmos a coleção com o trabalho de três grandes cientistas sociais mulheres.

As Ligas Camponesas

Está aqui um clássico multidimensional: *As Ligas Camponesas* apresenta uma pesquisa original sobre a luta dos camponeses pela reforma agrária em um contexto crucial da moderna sociedade brasileira, e emerge como um trabalho teórico refinado sobre a questão mais ampla das possibilidades e limites da ação coletiva no Brasil. E, porque o Brasil é visto como parte de um contexto periférico no capitalismo global, o livro, agora republicado, é um exemplo de como a sociologia brasileira deve interpelar a teoria sociológica de maneira mais ampla, para além de produzir estudos de caso. Em um momento em que a espiral da democracia no Brasil e no mundo parece redefinir o protagonismo dos movimentos sociais, ganhamos todos com a releitura deste clássico de Elide Rugai Bastos. Leitores e leitoras ainda poderão usufruir de um diálogo inspirador com a autora, na entrevista que Karim Helayel e Rennan Pimentel fizeram para esta edição.

André Botelho
Universidade Federal do Rio de Janeiro

Introdução

Este trabalho nasceu do desafio que representa, para o estudioso de ciências sociais, principalmente para aqueles que se preocupam com o mundo agrário, a existência, no campo brasileiro, de inúmeros movimentos sociais que colocam em questão as condições de existência social dos trabalhadores rurais.

Se considerarmos o conjunto de tensões que se desenvolvem no campo, no Brasil, tanto hoje como há décadas passadas, percebemos que a luta pela terra é, indubitavelmente, a mais importante delas. Essa luta assume características diferentes conforme se desenvolva em áreas de fronteiras ou em áreas mais antigas. Em ambos os casos, tem aparecido como uma forma de resistência ao capital, na medida em que, ao se direcionar à posse da terra, dirige-se diretamente contra o capitalismo, que no seu processo de expansão ao campo subordina a terra às suas necessidades. Por esse motivo, o marco teórico mais geral desta análise é a colocação da questão do desenvolvimento do capitalismo no campo, desenvolvimento esse que, no Brasil, tem acontecido sem que a estrutura agrária seja tocada. Esse processo foi historicamente possível na medida em que puderam aliar-se os interesses dos setores dominantes agrários e não agrários, interesses esses que se expressam politicamente através do bloco industrial-agrário. As Ligas Camponesas, no fim dos anos de 1950 e início dos anos de 1960, ao lado de outros movimentos sociais agrários, vêm questionar essa aliança e, ao fazê-lo, conquistam importante espaço para as reivindicações dos trabalhadores rurais.

Se considerarmos o papel da mobilização camponesa do Nordeste por esse ângulo, colocamos uma nova questão para a compreensão do problema do rompimento daquele bloco de poder, questão de caráter geral à qual este trabalho pretende fornecer elementos à discussão: qual o poder representado pelo campesinato no processo de transformação da sociedade brasileira? Procurou-se, dentro dessa ótica, refletir sobre o significado político das Ligas Camponesas e como, a partir desse movimento, emerge a questão camponesa. Mais ainda, como esta entra no debate político entre 1955 e 1964.

Buscou-se mostrar que, embora a questão camponesa se constituísse como fundamental naquele período, não abriu, ao campesinato, espaço político correspondente à sua importância na correlação de forças então existentes. Assim, por ter sido a priori excluído do debate político ou interpretado apenas como aliado possível, e/ou instrumento de pressão propício à denúncia da situação agrária, o campesinato acaba por não conseguir levar à frente, paradoxalmente, em nome de uma aliança dos trabalhadores, seu próprio projeto político de transformação de suas condições sociais de existência.

Por esse motivo, uma das preocupações do trabalho reside na definição do campesinato e seu papel no processo de desenvolvimento do capitalismo no campo.

Como já foi assinalado, um dos marcos principais do desenvolvimento do capitalismo no campo é a crescente subordinação da terra ao capital, o que provoca fenômenos aparentemente diversos, mas indicativos de um único processo: expulsão de foreiros, cujas terras são ocupadas pela produção capitalista; destituição do "morador" das condições que lhe permitem a produção de seus meios de vida; a extinção de contratos de parceria; submissão da produção do pequeno proprietário. E, nesse processo de transformação, o capitalismo produz tensões, manifestas na eclosão de movimentos sociais, que são expressões da luta pela terra. Sendo a terra a principal condição para que o camponês negue ao mercado a venda de sua força de trabalho, torna-se importante captar as formas dessa subordinação e o modo pelo qual se alteram condições de vida e sua inserção no processo produtivo, para que possamos qualificar essa luta.

Além da subordinação crescente da terra, a expansão do capitalismo na agricultura produz e é produto de uma crescente "diferenciação do campesinato". Essa diferenciação terá como resultado, de um lado, a concentração da propriedade dos meios de produção transformados em capital e, de outro, um processo de expropriação da maioria da população agrária, transformando-a no contingente de força de trabalho assalariada subordinada ao capital.

Essas transformações, que não se dão bruscamente, permitem a reprodução de relações de produção não capitalistas em determinadas áreas ou setores. Assim, o desenvolvimento do capitalismo no campo, apesar de acarretar radicais transformações na estrutura de produção agrária, não resultou no desaparecimento do campesinato, isto é, de certas relações sociais de produção não capitalista. Pelo contrário, a produção camponesa foi recriada. Isto se constitui numa válvula de escape às tensões sociais decorrentes da inabsorção dos excedentes de força de trabalho em regiões de ocupação antiga. Doutro lado, em outro momento de sua expansão, o capitalismo precisa destruir esse mesmo campesinato por ele recriado. Surgem, então, tensões que podem traduzir-se em conflitos, expressos em movimentos sociais.

Nesse sentido, podemos considerar que, no conjunto das lutas sociais no campo, no Brasil, a mobilização camponesa do Nordeste dos anos de 1950-1960 assume especial importância, na medida em que encaminha discussão de temas fundamentais, dos quais os principais são, sem dúvida, o da posse da terra e o da destruição do campesinato. Essa importância se evidencia tanto pela radicalização da ação das bases do movimento, quanto pela posição assumida pelas classes dominantes face aos problemas sociais levantados. Precisar o papel dos agentes dessa mobilização é também objetivo deste trabalho.

Um segundo núcleo de indagação levantado pelo trabalho diz respeito à questão do significado dos movimentos sociais e da constituição do projeto político no processo de transformação da sociedade. Os elementos apresentados no decorrer do estudo permitem algumas reflexões sobre a formulação de Gramsci: serão as crises históricas fundamentais determinadas imediatamente pelas crises econômicas? Em outros termos, serão as condições de real empobrecimento do trabalhador rural – arrendatário, parceiro, posseiro, "morador", assalariado – as causas imediatas da luta? Ou possibilitarão apenas a criação de terreno favorável à difusão de certos modos de definição e de resolução das questões relativas ao poder em âmbito nacional?

O encaminhamento dado à discussão, de certa forma, mostra que as condições econômicas do campesinato transformar-se-ão no móvel do rompimento de equilíbrio das forças na sociedade, mas esse rompimento dar-se-á num quadro de conflitos que está além do nível econômico imediato, antes se localizando ao nível do poder. Nesse sentido, a mobilização camponesa do Nordeste manifesta, concretamente, as alterações do conjunto das relações sociais de força que passam, então, a constituir-se em relações políticas de forças. Assim, o encaminhamento e a solução dados ao quadro de conflitos que ameaçam o equilíbrio das relações de forças sociais, econômicas e políticas em jogo mostram que as Ligas Camponesas apontam uma crise de poder, uma crise no bloco histórico. Se, de um lado, o trabalho busca mostrar quais são os interesses econômicos colocados em questão, de outro, procura as formas pelas quais interesses são definidos como prioritários. O principal aspecto que procura salientar (que não é o único, mas talvez o mais importante) é a definição das forças em jogo e como essa definição vai direcionar a luta. É com esse propósito que analisa as equivocadas concepções sobre o campesinato como homogêneo e sobre o latifúndio como opositor dos movimentos sociais, apontando como o equívoco vai encaminhar as lutas para longe de seu móvel originário.

O que está em questão é a crise de um bloco histórico: o agrário-industrial; o que está no horizonte é a solidificação de novo bloco. As alianças políticas buscadas, realizadas ou frustradas, mostram os meandros dessa busca. No quadro de uma crise de poder, emerge o novo bloco; se as condições estruturais lhes são favoráveis, as superestruturais lhes são adversas. A ausência de "bloco intelectual" capaz de estabelecer sua unidade – o vínculo orgânico entre a estrutura e a superestrutura – faz a saída não ser hegemônica, mas ditatorial. Sobra-lhe apenas o recurso ao golpe de Estado que, destruindo as forças em luta, talvez possa instaurar a paz dos cemitérios.

No quadro dessa crise orgânica do bloco histórico, que pela sua própria definição é favorável à emergência de novas forças sociais, a mobilização camponesa do Nordeste encontra espaço propício para a colocação das reivindicações dos trabalhados rurais. É exatamente esse espaço que permite ao campesinato a brusca passagem de um estado econômico-corporativo para um estágio político, sem que haja de fato uma ação de intelectuais. O que o trabalho tenta apontar são as consequências desse fato: a *reduzida organicidade* do movimento social resultante do deslocamento entre sua liderança política e sua base social.

Essas colocações levantam a questão da articulação das esferas política e econômica na análise das forças sociais em jogo no processo de transformação da sociedade, análise essa que não pode encerrar-se em si mesma, mas que deve ter como objetivo o fornecimento de elementos para uma atividade prática. A articulação das esferas de apropriação e de dominação, na análise de um movimento social de trabalhadores, só pode efetuar-se se admitirmos que o projeto político destes deva passar pelo seu projeto de trabalho. Assim, o estudo procura mostrar que o projeto político das Ligas Camponesas, que vai nuclear-se em torno da Reforma Agrária, projeto este elaborado fora das bases do movimento social, por desconhecer o verdadeiro projeto do campesinato que se funda na autonomia de seu trabalho, se afasta do móvel impulsionador da luta. Em outros termos, é a desarticulação das esferas econômica e política que faz o projeto do campesinato, ancorado no seu projeto de trabalho, ser abandonado no decorrer do movimento.

Essas colocações conduzem à reflexão sobre as relações entre Movimentos Sociais e Partidos Políticos. A própria forma de apresentação do material de investigação, em três momentos distintos –

o local, o regional e o nacional –, reflete a ótica de análise em que se coloca o trabalho. À medida que a mobilização alcança outros espaços que não os locais, as forças sociais em jogo tornam-se mais complexas. Esse percurso corresponde também a um paulatino afastamento do projeto político das reivindicações primordiais do movimento; ao mesmo tempo, as alianças partidárias celebradas regionalmente se mostram insustentáveis em âmbito nacional. Estranhamente, esse claro descolamento entre o movimento social e o movimento da realidade não é enfrentado explicitamente. Os partidos e as organizações voltam-se apenas para a luta pelo poder em nível do Estado Nacional. Por isso, a questão nacional assume preeminência sobre a questão social. Aquela acaba por definir-se desconhecendo as particularidades tanto horizontais – referentes às atividades econômico-sociais, que vão traduzir-se concretamente em diferentes inserções no processo produtivo – como verticais, que colocam o problema dos regionalismos. Assim, a questão nacional ganha conotação abstrata, pairando acima das condições sociais reais das diferentes camadas da sociedade.

É verdade que as Ligas Camponesas denunciam a restrição na aplicação dos direitos de cidadania e, com essa denúncia, alcançam importantes conquistas políticas para os trabalhadores rurais. Porém, o cerne da questão – a explicitação da heterogeneidade das classes subalternas, particularidades que devem ser assumidas no seio da sociedade – fica intocado. Disso resulta que o novo bloco de poder, em formação, acabe por lançar mão dessa mesma heterogeneidade para desqualificar a Sociedade Civil e utiliza-se disso como uma estratégia para legitimar um Estado forte.

O trabalho está organizado em cinco capítulos. No primeiro, procuramos reconstituir o modo de vida camponês, tal qual se apresentava no Engenho Galileia, em meados da década de 1950, a fim de chegarmos à representação que o "foreiro" tem de seu trabalho. É precisamente a defesa da autonomia de seu trabalho que funda o projeto primeiro do movimento: a luta pela terra. No segundo, abordamos o processo de expansão regional das Ligas Cam-

Introdução

ponesas, momento em que se dá a fundação da Federação e quando se definem as principais bandeiras da mobilização – a luta contra o "cambão" e contra o latifúndio. O que caracteriza o movimento social, nesse momento, é a luta pelos direitos, o que nos permite defini-lo como defensivo. No terceiro capítulo, dedicamo-nos ao exame do processo de extensão nacional das Ligas, momento caracterizado pela concentração da luta em torno da reforma agrária radical. É então que o adversário define seu projeto e se encaminha para uma nova articulação de forças. O quarto capítulo aponta para uma crise interna nas Ligas Camponesas e a forma pela qual o movimento tenta rearticular-se, apresentando novo projeto político. O quinto levanta, brevemente, algumas questões que o trabalho coloca e que permitem a reflexão sobre as relações entre o movimento social e o Estado.

Originalmente, este trabalho foi apresentado como dissertação de mestrado em Ciência Política à Faculdade de Filosofia, Letras e Ciências Humanas da Universidade de São Paulo. Esta é uma versão com algumas modificações, atendendo a recomendações da banca examinadora, integrada por José Augusto Guilhon Albuquerque (orientador), Maria de Nazareth Baudel Wanderley e Juarez Rubens Brandão Lopes; a todos agradeço o interesse e a leitura cuidadosa.

Devo agradecimentos especiais a vários colegas e amigos que me ajudaram na realização deste trabalho: A Walquíria Domingues Leão Rego, Rubens Murilo Leão Rego e Octavio Ianni, que o acompanharam passo a passo, sugerindo caminhos a seguir; a Leonilde S. Medeiros, José Vicente Tavares dos Santos, Maria Rita Garcia Loureiro, Oliveiros S. Ferreira, Aldemar Moreira, Vera Lúcia M. Chaia, Vera Lúcia Botta Ferrante, Maria Flora Gonçalves Ohtake, Josildeth Gomes Consorte, Bader Sawaya, Haydée Roveratti, que, em diferentes momentos do processo, me auxiliaram, dando sugestões de grande valia. A todos sou devedora.

São Paulo, 13 de janeiro de 1983.

1
Os "galileus"

> – Finado Severino,
> quando passares em Jordão
> e os demônios te atalharem
> perguntando o que é que levas...
> – Dize que levas somente
> coisas de não:
> fome, sede, privação.
>
> *Morte e Vida Severina* (fragmentos)
> João Cabral de Melo Neto

A mobilização camponesa do Nordeste, que assume a denominação "Ligas Camponesas", inicia-se no Engenho Galileia, em Pernambuco, no ano de 1954. O movimento expande-se rapidamente. Esse crescimento deve-se às condições políticas e sociais favoráveis e explica-se pelo fato de sua base social – o foreiro – representar uma categoria social ameaçada de extinção. O "galileu" simboliza o campesinato nordestino que vive próximo aos empreendimentos capitalistas, representando um obstáculo à sua expansão. Colocar em questão as condições de sua existência social significa questionar também as vias possíveis de desenvolvimento do capitalismo no campo: este é o grande problema levantado pela mobilização camponesa do Nordeste dos fins da década de 1950. A luta dos "galileus" desnuda a situação ambígua do campesinato; por isso se transforma na grande luta do trabalhador rural brasileiro contra as condições de exploração a que está submetido.

O Engenho da Galileia localiza-se em Pernambuco, no município de Vitória de Santo Antão, distante 60 km de Recife, em região de transição entre a Mata e o Agreste. Desde os fins da década de 1940, os proprietários deixam de explorar a cana em suas terras e passam a arrendá-las. Os 500 ha são arrendados por 140 famílias, reunindo cerca de 1.000 pessoas. Arrendatários da terra e proprietários dos outros meios de produção utilizam a força de trabalho familiar e combinam a produção de subsistência com a mercantil, produzindo legumes, frutas, mandioca e algodão (Andrade, 1963, p. 246).

A área média das propriedades é de 3,5 ha e foi impossível reconstituir, através de sistema contábil, a situação econômica dessas famílias que, além da reposição dos meios de produção, devem retirar do rendimento global o pagamento da renda da terra, que é feito em dinheiro: é o foro.

Nesse engenho, no ano de 1954, o aluguel anual estabelecido por hectare era de Cr$ 6.000,00. Na região, no mesmo ano, o preço de venda da terra variava entre Cr$ 10.000,00 e Cr$ 15.000,00 por hectare (Huizer, 1973, p. 223). Isso equivale a que o pagamento de dois anos de renda corresponda ao valor da terra arrendada. Nesse ano, o foreiro José Hortêncio, não podendo pagar os Cr$ 7.200,00 de renda atrasada que devia, é ameaçado de expulsão pelo dono da terra.

Procura José dos Prazeres, antigo membro do Partido Comunista, agora dedicado a contactar camponeses em litígio com os proprietários. Este, percebendo que não se trata de caso isolado, mas que a situação é vivenciada por inúmeros foreiros do engenho, propõe-lhe a formação de uma sociedade, com o fim de adquirir um engenho, para que todos se livrem do pagamento da renda e da ameaça de expulsão. Era maio de 1954 (Moraes, 1970, p. 262-263).

Ao fim do mesmo ano, Hortêncio reunira um pequeno grupo de foreiros, entre os quais José Francisco de Souza, administrador do engenho, conhecido como Zezé da Galileia, que exercia forte liderança. Sob a orientação de José dos Prazeres, fundam a sociedade, cuja diretoria está assim constituída: Presidente – Paulo Travassos; Vice-Presidente – Zezé da Galileia; 1º Secretário – Oswaldo Lisboa; 2º Secretário – Severino de Souza; 1º Tesoureiro – Romildo José; 2º Tesoureiro – José Hortêncio; Fiscais – Amaro Aquino (Amaro do Capim), Oswaldo Campelo e João Virgílio. A associação – *Sociedade Agrícola de Plantadores e Pecuaristas de Pernambuco* – SAPPP – obtém seu registro após um mês. Do ponto de vista legal, caracteriza-se por constituir-se numa sociedade civil beneficente, de auxílio mútuo, cujos objetivos são, primeiramente, a fundação de uma escola e a constituição de um fundo funerário (as sociedades funerárias são comuns na região) e, secundariamente, a aquisição de implementos agrícolas (sementes, inseticidas, adubos, instrumentos) e reivindicação de assistência técnica governamental.

Oscar de Arruda Beltrão, o proprietário das terras, torna-se, a convite dos camponeses, o presidente de honra da associação. Alertado por outros proprietários, que veem no grupo um foco de subversão, o senhor do engenho afasta-se do cargo e, sob a influência do filho, residente em Recife, tenta interditar a sociedade e pede, judicialmente, a expulsão dos camponeses. Parte destes se intimida, mas um grande número resiste. Começam as intimações, as chamadas à delegacia de polícia, as intimidações. É então que os foreiros, que trabalhavam na terra havia mais de quinze anos, encaminham-se para Recife, pedindo a intervenção do governador General Cordeiro de Farias, que a nega. Procuram, a seguir, a Assembleia Legislativa e lá são aconselhados a contratar advogados, pois se trata de questão jurídica (Fonseca, 1962, p. 43). E assim que procuram Francisco Julião, Deputado Estadual (assumira o mandato nesse mesmo ano) pelo Partido Socialista. Estávamos no início de 1955.

Julião já defendera inúmeras causas de camponeses, mas causas isoladas. Percebe nesta, por tratar-se de grupo organizado, um grande potencial de desenvolvimento. Instaura processo invocando a lei dos locatários. Mas, ao lado da luta judicial, utiliza-se da Tribuna da Assembleia Legislativa para denunciar tanto a situação dos "galileus" quanto as arbitrariedades a que são submetidos.

Através da luta judicial, os "galileus" tornam-se conhecidos do grande público, ganhando espaço mesmo na imprensa nacional. A associação passa a ser denominada, pela imprensa, "Liga Camponesa", por aproximação às antigas "ligas" fundadas pelo Partido Comunista (PC), na região de Pernambuco (embora houvesse algumas "ligas" e "irmandades" de camponeses em vários pontos do país, estas são as mais conhecidas). Na impossibilidade de reunir horticultores expulsos da região de Recife em Sindicatos Rurais, então inconstitucionais, o PC organiza-os em "Ligas Camponesas". Estes primitivos núcleos, com a colocação do partido na ilegalidade, desaparecem em 1948, restando apenas a "liga" de Iputinga (cf. Anexo IV). A denominação é prontamente adotada. No desenrolar da luta o termo "camponês" assume importante caráter político. O simples fato de atribuição de uma denominação estranha ao movimento dos "galileus" indica o primeiro passo no sentido da unidade formal do movimento camponês, unidade hipotética, acionada por elementos situados fora da base social do movimento.

O "caso Galileia" estende-se até 1959 quando, não por via judicial, mas através da Assembleia Legislativa de Pernambuco, desapropria-se o engenho, pela aprovação de projeto de lei de autoria do deputado socialista Carlos Luiz de Andrade, projeto este sancionado pelo Governador Cid Sampaio, como parte dos compromissos eleitorais assumidos durante sua campanha. Mas o primitivo projeto camponês – a posse do engenho – nesse momento já está modificado pelo movimento, alterado pelas discussões que se travam em âmbitos nacional e regional. A palavra de ordem "reforma agrária" passara a permear todas as discussões e soluções. Isso explica o fato de o engenho desapropriado não ser entregue aos camponeses, mas sim à Companhia de Revenda e Colonização (CRC), à qual toca o papel de organizar a distribuição de terras e a exploração agrícola (lei sancionada a 26 de dezembro de 1959). Esta tenta realocar os "galileus" em outras áreas. Estes não aceitam, pois veem na atitude uma forma de desmobilização do movimento, na medida em que seriam separados de seus líderes. De fato, o efeito da prática é o de enfraquecer sua ação no meio rural. Os critérios de dotação de lotes seguem normas objetivadas fora do mundo rural, estabelecendo limite de idade – 50 anos (por exemplo, Zezé da Galileia, que trabalha há quarenta anos no engenho, tem perto de 70 anos de idade) –, desempenho físico, prestação de serviço militar e até mesmo atestado de facilidade de adaptação. É claramente uma forma de legitimar o arbítrio, que tem por efeito criar um instrumento apto a permitir a "punição" dos camponeses que se mostrem capazes de reivindicações de caráter político. Sob a aparência de medida econômica – as terras do engenho são fracas e erodidas, portanto só podem alocar um pequeno número de arrendatários, de modo a que toque a cada um área maior – tais normas assumem papel repressivo, papel esse logo apreendido pelos foreiros, que se recusam a deixar as terras. É então que, paradoxalmente, a CRC recorre à justiça para desalojar os camponeses.

A forma de atuação da CRC, que, como projeto político, deverá ser discutida ao examinarmos a reforma agrária, é a seguinte: os candidatos selecionados para compor a colônia, segundo as normas expostas, recebem lotes em arrendamento por um prazo de 3 anos, devendo, nesse tempo, não só cultivar a terra, mas também realizar benfeitorias. A colônia emancipar-se-á da CRC somente quando todos os lotes estiverem pagos e a Companhia considerar os colonos em condições de dirigi-la (Andrade, 1963, p. 240). Nesse sentido, não somente através das normas de seleção, mas, mais ainda, dirigindo a própria organização do trabalho, o Estado, através desse órgão, mantém o controle sobre a atuação política dessa faixa de trabalhadores no campo.

É importante assinalar o fato de que a luta dos camponeses (e a não aceitação da transferência de sítio por parte dos "galileus" o demonstra) não é uma luta por *qualquer terra, mas sim uma luta pela terra que tem incorporado seu trabalho*. Nesse sentido, não se trata de uma luta pequeno-burguesa pela propriedade, mas sim uma luta pelo objeto e meio de seu trabalho. A luta dos "galileus" levanta essa questão; por esse motivo, impõe ao sistema a urgência da criação de mecanismos controladores da reivindicação, mecanismos esses que crescem e assumem importante papel no desenrolar da luta.

O "Galileu" e o seu trabalho

Conforme assinalamos anteriormente, inexistem dados que permitam estabelecer a situação contábil de cada sítio do Engenho Galileia, no ano de 1954, de modo que se possa avaliar exatamente a situação econômica dos foreiros. Para suprir tal deficiência, procuramos *entrevistar* antigos moradores da região, com a finalidade de reconstruir o processo de produção, analisando os diferentes elementos que constituem a unidade produtiva camponesa nessa época[1]. Tal prática é necessária para a reconstituição das condições de existência social desse trabalhador.

Os "galileus" combinam a produção de subsistência com a mercantil, produzindo legumes, frutas, mandioca e algodão, A combinação produção mercantil/subsistência assume diferentes formas, conforme são diferentes os produtos cultivados.

O conjunto da produção de legumes e de frutas tem o nome de "mangaio" e destina-se, em grande parte, ao abastecimento das cidades. Isto é feito através do intermediário – o "mangaieiro" –, que, como dono de caminhão, posta-se na praça de Vitória de Santo Antão, todas as manhãs, comprando o conjunto da produção dos camponeses, por preço global, encaminhando-a principalmente ao mercado de Recife.

No plantio, a tarefa de lavrar a terra geralmente cabe aos homens. Todavia, quando, por motivos vários – trabalho assalariado, serviço militar, doença –, há escassez de mão de obra masculina, desaparece tal divisão de trabalho e as mulheres tomam a si a tarefa[2].

Muitas vezes, quando um filho ou filha pretende "um dinheirinho seu", abre uma roça por sua conta, na qual trabalha fora das horas destinadas ao trabalho da produção familiar: é o "roçadinho".

---

1. Além dessas entrevistas, utilizamos material coletado por outros pesquisadores. Por esse motivo, elas pertencem a tempos diversos: algumas são localizadas na própria época da mobilização; outras, entre 1973 e 1979. Por isso, o discurso dos camponeses situa-se tanto no presente quanto no passado. Mas é interessante notar que, quando fala de seu trabalho (exceção feita àqueles que residem já na zona urbana), ele sempre se expressa no presente, não estabelecendo diferença entre o que fazia no passado e o faz atualmente.

2. Essa organização do trabalho é também apontada num estudo que enfoca os pequenos produtores da Zona da Mata de Pernambuco (cf. Alásia de Heredia, 1979, p. 49-76).

1 Os "galileus"

A colheita é feita bem ao fim da tarde, na véspera do dia da venda. Os produtos são levados à casa onde, à noite, são amarrados em feixes e deixados no chão – de terra batida, de tijolo ou cimento –, que, sendo frio, evita que se estraguem. De madrugada são conduzidos à cidade, em carroças, charretes ou em lombo de mulas. O trabalho de preparação do produto para a venda ocupa o *fim da tarde e parte da noite*. Ao mesmo tempo, durante o dia, o trabalhador dedica-se à roça. Essa forma de organização do trabalho demonstra uma extensão, considerada voluntária, da jornada de trabalho.

Esse caráter de "escolha" da extensão da jornada de trabalho aparece bem na entrevista de uma camponesa:

> só quem faz é que sabe o que padece e o que frutifica. As mãos podem mais do que a gente sabe e o lombo aguenta penitência se a gente diz – quero fazer – e faz, porque quer frutificar. Por isso é que a gente não tem hora para trabalhar. Trabalha sempre quando precisa.

Para a venda, o conjunto de produtos é colocado nas "bolsas de mangaio" – grandes cestas que servem de medida – pertencentes ao "mangaieiro". O pagamento é feito em dinheiro, no ato da venda. O preço é estabelecido pelo comerciante, que, dadas as condições existentes, detém o controle da situação, não restando ao produtor outra escolha senão aceitá-lo sob o risco de perder seu produto.

Francisco Sá Jr., ao analisar a produção de alimentos do Nordeste, assinala que essas culturas não são atividades de empresas, não as interessando pelo baixo preço de mercado dos produtos (Sá Jr., 1973). O preço baixo é necessário à viabilização da reprodução da força de trabalho no setor industrial, mantidos baixos os preços no setor. Não interessando como empreendimento capitalista, pois tais preços não conseguem "remunerar" o salário, o lucro e a renda da terra, vêm a ser desenvolvidos em moldes camponeses, passando a responder apenas à subsistência e à renda da terra.

O camponês percebe que o controle sobre o preço lhe escapa e que lhe restam poucas alternativas de "barganha".

E quando a gente vê aí os tomates na cesta, os repolhos cortados e o homem dizendo – pago tanto – que era pouco, dá um calor de ferver o sangue. Aquilo era trabalho da gente, de sol a sol, mas só a gente vê, ele não, nem os outros.

[...]

Se não compram todo o tomate, repolho, a gente pica e dá para a criação, que às vezes tem muito e pagam ruim, outro dia a gente não leva, então não pode perder. Outra vez a faz massa mas não muita, que não dá para guardar ou dá para os vizinhos que podem não ter plantado.

Mas, mesmo assim, ele continua plantando o "mangaio" pois,

Que a gente tem de comer, pois não? Então a gente planta e vende um pouco que a gente planta a mais e então, tudo é lucro.

Assim, parte da produção do "mangaio" destina-se ao consumo familiar e, dada sua dupla função, produção de subsistência e mercantil, é chamada "a salvação dos fracos, que é ela que garante o com o que viver".

A expressão "fracos" aparece constantemente no decorrer das entrevistas. Num primeiro momento tivemos a tentação de conferir a ela caráter político, ou interpretá-la como um elemento que permitisse deduzir uma "clara consciência da desigualdade", o que poderia sugerir a possibilidade de elaboração de projeto político alternativo. Todavia, os dados não permitem inferir que o alcance da expressão seja tão amplo, isto é, ela não parece expressar um *questionamento* da desigualdade. Aparece mais como sinônimo de *pobre*. No mesmo sentido, M. Rita Loureiro (1979, p. 125) sugere que, entre seus entrevistados – parceiros da fazenda Rio Azul, em Goiás –, a palavra "fraco" aparece como sinônimo de "pobre" e ambas surgem como oposição a "ricos" ou "maiorais" e identificam aqueles que, não podendo possuir tudo de que necessitam, têm que viver do "trabalho". Mas, mesmo que consideremos seu alcance limitado, a expressão sugere a compreensão de uma situação de desigualdade, compreensão frágil porque não reconhece os seus contornos. A expressão é importante, porque indica que o camponês dá conta de suas condições de existência, não individualmente,

1 Os "galileus" — 29

mas como membro de um grupo. Em outros termos, a necessidade da colocação do produto em mercado, cotidianamente, como condição sobrevivência, é claramente percebida.

> A gente planta os mangaio para o de todo o dia, que dá um dinheiro para a pinga, para um remédio e ajuda no comer. É isso o que sustenta o com o que viver. É disso que vivem os fracos.

O que parece não ser clara para o camponês é a compreensão do duplo caráter da produção. Não se trata apenas da colocação em mercado do que sobra do consumo, como sugere trecho de entrevista anteriormente transcrita, mas sim da produção de excedentes, possibilitada pela existência de fatores excedentes (terra, força de trabalho e meios de trabalho). O produtor acredita na autonomia de seu trabalho, na possibilidade de escolher o que quer comer, o que vender, quando e como trabalhar.

> A gente sofre, que não tem força de ir mais pra frente, mas é dono do seu, que não tem patrão. Tem o dono do foro, que a senhora sabe o que ele aprontou, mas é a gente que manda no seu trabalho.
>
> [...]
>
> De noite a gente se combinava o que cada um ia fazer no dia seguinte. E um dizia – eu faço as vagens, e o outro – eu o repolho e o outro, – eu o milho – que não tinha precisão de o pai mandar, que cada um pensava é obrigação minha e ia, que não tinha trabalho que um rejeitasse, que o trabalho era de cada um e era dos outros, que tudo era um só. E um sabia que esse era o de todo o dia da vida que era a vida da gente, que a gente vivia e que no fim frutificava".
>
> [...]
>
> E era pai que escolhia o que plantar cada ano, que dizia – este ano está bom para o quiabo ou para o inhame – que alguma coisa até que a gente não gostava para comer, mas vendia, que tem gosto para tudo.
>
> [...]
>
> Mas se um dizia – hoje não dá, que não estou bom –, podia ficar em casa, que isso é não ter patrão.

É, pois, através de sua representação como trabalhador autônomo que o camponês elide o caráter alienado e antagônico de sua situação. De fato, a ênfase que o camponês confere à sua condição de autônomo indica a não percepção da subordinação de seu trabalho ao capital, subordinação que se acentua à medida que ele se dedique a culturas industriais, como o algodão ou a cana-de-açúcar. Em outros termos, à autonomia de seu trabalho ele percebe apenas um longínquo obstáculo: a propriedade da terra. (Observe-se, aliás, que ele se refere ao dono do engenho, *não como proprietário da terra*, mas como *dono do foro*). Essa representação é condição fundamental para que ele se reproduza como camponês. É esse o sentido que assume sua luta pela terra, porque, para ele, lutar pela terra é lutar pela suposta autonomia de seu trabalho.

Outra forma assumida pela produção na unidade camponesa é, ainda, a de lavoura de alimentos, mas que necessita de processamento transformador para ser consumida. É o plantio da mandioca e a produção da farinha.

Duas variedades de mandioca são cultivadas: a "macaxeira" ou mandioca mansa, que se destina ao consumo familiar, sem necessidade de transformação, e a mandioca amarga, que é transformada em farinha. Parte desta constitui-se em alimento diário, que se conserva durante algum tempo, parte costuma ser encaminhada à venda e parte destina-se ao pagamento pela utilização da "casa de farinha".

O plantio da mandioca segue normas de divisão do trabalho semelhantes à plantação de "mangaio". Aos homens cabe preparar as covas de roça (matulão) e às mulheres o corte do caule (maniva). As crianças colaboram carregando os cestos e ajudando a colocar os pedaços nas covas.

> É os homens que fazem o matulão que ele tem de ser grande, de bastante terra, para a macaxeira crescer, que se é pequeno não tem força para arribar. Só de muita precisão é que tem ajuda de mulher. Elas que cortam os toros da maniva que tem de deixar dois, para sempre ter um que vinga.

A colheita da "macaxeira" é feita à medida da necessidade, para reforço da alimentação. A colheita da mandioca amarga, destinada à farinha, tem que ser feita com rapidez e associada à utilização da "casa de farinha", por isso é tarefa que envolve toda a família.

> Num tem um nem otro que tudo entra no rebolo, que carece a mandioca não pretejar.

Raro é o produtor que possui "casa de farinha". Para ralar e secar sua produção, em geral, utiliza instalações emprestadas, pagando tal empréstimo com produto, ou dias de trabalho gratuito ou dinheiro. No primeiro caso, o preço estabelecido é o de uma "cuia" (5 quilos) para cada 10 "cuias" produzidas. Além dessas formas de pagamento é exigida uma taxa, a "conga", isto é, uma "cuia" para cada dia de moagem, independentemente da quantidade produzida. Essa taxa é destinada à manutenção das instalações[3].

Na "faina da farinha" a família se divide, parte dedicando-se à "casa da farinha", parte à colheita e parte ao transporte. O trabalho de descascar a mandioca cabe a duas pessoas – umas sempre de mãos limpas para que não se suje a farinha –, quase sempre mulheres. O forno, tradicionalmente, é dirigido por homens. A tarefa de peneirar cabe às mulheres.

Essa divisão de tarefas, que existe nas atividades da produção familiar, persiste na produção mercantil, isto é, o dono da "casa de farinha", que em geral comercializa a farinha em média ou grande escala, contrata assalariados fixos e temporários, mantendo essa atribuição das atividades segundo o sexo.

> O compadre Honório Agostinho, que era o dono onde a gente ralava, recebia a conga e da vez que ralava para ele, que era muito que ele tinha muita roça de bastantes alugados, com precisão, que ele vendia muita farinha até pro Recife, chamava eu que ele precisava de mulher para as peneiras, mais meu irmão Tonho, para trabalhar para ele. Até que ele queria pagar, mas pai não queria e eu chegava a ter

---

3. Alásia de Heredia (1975, p. 63) aponta a mesma condição para os pequenos proprietários por ela estudados.

mão fina de até parecer gente de trato de tanto esfregá beiju de farinha, que depois ficava duro de pegar na roça de enxada. Veja que hoje, de resultado, me ataca um reumatismo bem neste braço. Então, para compensar ele não cobrava o uso da 'casa de farinha', só a conga.

Isto coloca o problema do trabalho acessório. A liberação de alguns membros da família, quando o "roçado" ou a cultura mercantil não exigem concentração de braços, para que se assalariem é, segundo J.V. Tavares dos Santos (1978), condição necessária para compensar os rendimentos negativos daquelas produções, rendimentos esses insuficientes, muitas vezes, até mesmo para repor o valor da força de trabalho familiar. Essa condição explica a razão pela qual:

> Não aceitam ser trabalhadores expropriados e sujeitos a um proprietário, mas admitem o trabalho acessório, que não implica a perda de sua condição camponesa, também não lhes escapando que, além de suplementar monetariamente o rendimento insuficiente, a atividade acessória funciona como aprendizagem antecipada da condição de proletário, característica particularmente valiosa para os filhos que, desde algum tempo, migram para as cidades (Santos, 1978, p. 38-39).

O trabalho acessório é, em geral, assumido pelos homens; todavia, na faina da farinha as mulheres também se assalariam. Essas condições de trabalho expressam-se nas representações tanto do trabalho autônomo como do papel de cada membro da família nele.

> Quando o trabalho é pouco, dá para deixar para as mulheres e para os meninos. Então os homens seguem para cortar cana e para moer nas usinas, que mais é para não ficar bestando sem que fazer.
>
> [...]
>
> Trabalhar fora de casa é mais trabalho de homem que as mulheres têm mais é casa, a criação e a farinha.

Assim, a entrevista acima sugere que as mulheres não se assalariam, mas dedicam-se, entre outras coisas, à faina da farinha. Ora, em entrevista anterior, a mulher declara (e assinale-se que o mesmo

1 Os "galileus" 33

caso aparece em vários outros relatos) que seu trabalho não é *remunerado diretamente*, mas paga o aluguel da "casa de farinha". Além disso, assinala o traço acessório desse trabalho que

> Traz um dinheiro muito precisado para aguentar esse pedaço de ano".

Mostrando que o mesmo só é possível quando diminui o ritmo da produção e porque existe o suporte da mão de obra familiar.

A comercialização da farinha, via de regra, se faz através do próprio dono da "casa de farinha", que, em geral, é médio ou grande produtor. Dada a facilidade de eliminação de transporte e recebimento imediato do dinheiro, associada à dificuldade de estocagem, o produtor perde a condição de "barganha" sobre o preço do produto.

De fato, a produção camponesa, seja dedicada às culturas industriais, seja voltada à produção de alimentos, caracteriza-se, como tem sido apontado na bibliografia sobre o assunto (Kautsky, 1968, esp. p. 178-179; Marx, 1966, Livro III, S, VI, cap. XLV; Graziano da Silva, 1978; Martins, 1975), por não ter dinâmica própria, sendo, ao contrário, subordinada às formas capitalistas de produção. Um dos níveis em que essa subordinação se manifesta é o da necessidade, dada a pauperização do produtor, da imediata realização do produto em mercado, e por isso em condições de preços desfavoráveis. No caso em estudo, parece que isso é patente.

Mas as produções de "mangaio" ou de mandioca respondem apenas à produção dos meios de vida, seja através do consumo direto, seja através do rendimento monetário delas advindo. É por meio da plantação de uma cultura industrial, em geral o algodão, que o camponês consegue pagar o aluguel da terra e repor os outros meios de trabalho. É ainda através dela que ele vislumbra a *liberdade*: a possibilidade de livrar-se da sujeição ao proprietário, por meio de uma "economia" que lhe permita o acesso à terra, por compra. Essa distinção é apreendida por ele, que denomina àquelas "lavouras para se viver" e a esta "lavoura para se comprar". É sobre essa distinção que surgem as condições de avaliação da exploração a que está submetido o camponês. Somente nesse momento, em que, vendo garantida a produção capaz de cobrir suas necessidades de meios de vida, ao serem estabelecidos seus ganhos sobre a colheita do produto, subtraído o pagamento do foro, o arrendatário pode avaliar os resultados de seu trabalho; portanto, somente a partir desse resultado, a exploração pode manifestar-se. É exatamente por ocasião do pagamento da renda da terra que surge o movimento social que é objeto de nossa análise. Ao estudar o colonato nas fazendas de café, Martins (1979) faz constatação semelhante, mostrando que, embora a exploração no regime de colonato se configurasse na produção de subsistência, na sobrejornada, não é aí que ela é apreendida, e sim no momento da colheita do café. Por essa razão, muitos dos casos conhecidos de greves de trabalhadores da cafeicultura correspondem a tal momento.

Parte das terras arrendadas destina-se a uma plantação anual que forneça dinheiro para a reposição dos meios de trabalho, a manutenção das condições de desenvolvimento do processo de trabalho e o pagamento de renda. O produto eleito para esse fim é o algodão. Andrade (1963, p. 149) considera o algodão um produto "mais democrático" que a cana, podendo ser cultivado por ricos e pobres. É produto de ciclo vegetativo muito curto, permite cultura associada, principalmente ao feijão e ao milho, não necessita processamento transformador da parte do agricultor, não apresenta perigo de deterioração. No Engenho Galileia, dois terços dos sítios são dedicados a essa cultura. Associado ao algodão pode haver um ou vários plantios, cuja colheita é anterior àquela. Em março, após o preparo da terra, com as chuvas, semeiam-se o milho, o feijão, a fava; e, em maio, o algodão. Durante o ano, o agricultor vai colhendo o produto do roçado e, em dezembro, termina a colheita do algodão. É quando ele deve pagar a renda da terra.

No Nordeste, durante a década de 1950, a quase totalidade da lavoura de algodão é explorada via trabalho direto de pequenos proprietários, rendeiros e parceiros (Sá Jr., 1973, p. 15), que a associam à cultura de alimentos. Essa associação, permitida pela sa-

1 Os "galileus"   35

zonalidade dos produtos (Andrade, 1963, p. 172), tem por função absorver os custos negativos do empreendimento, absorção essa facilitada pela utilização extensiva da mão de obra familiar. Nesse sentido, ambas as culturas, de alimentos e de matérias-primas, têm como resultado produtos que podem realizar-se em mercado abaixo de seu valor. O preço desses produtos pode, então, ser estabelecido apenas a partir do cálculo das necessidades da reprodução da força de trabalho familiar.

Isso explica, em parte, a manutenção de relações de produção como o arrendamento e a parceria em explorações mercantis. Mas a adoção da prática tem outros significados: o aumento da produtividade do trabalho (o que "baixaria" o custo de produção e, portanto, o preço de mercado); a socialização dos custos e das perdas do empreendimento agrícola; a diminuição dos custos de produção da força de trabalho e a reserva de força de trabalho (Loureiro, 1977).

O algodão precisa ser colhido muito rapidamente para garantir-se a qualidade do produto. Isso motiva a extensão da jornada de trabalho e a participação de todos os membros da família.

> O bom do algodão para colher é de de manhãzinha, no que tem orvalho, que daí rende mais que não tem perigo de ralar os dedos nas pontas das flores, que machuca e solta cisco. A maçã quanto mais branca é melhor e vende mais cara. E de manhã bem cedo fica mais dia pela frente.
>
> [...]
>
> Se tudo não entra no rebolado e vem um vento e vem uma chuva perde metade do que plantou... então, começa mais cedo, acaba mais tarde, que uns vão colher algodão de tarefa nas lavouras dos maiorais, que sobra um dinheirinho para os gastos de fim de ano.
>
> [...]
>
> Eu começo bem cedo, paro para o almoço, pego de novo e vou até que o sol alumie. É por gosto e cada um faz o que o corpo pode. Duas filhas param mais cedo para ajudar a comida, que moça tem mais tarefa que só a colheita.

Perceba-se que a duração da jornada de trabalho aparece como uma "escolha" do próprio trabalhador, que, tendo controle sobre ela, pode criar para si próprio melhores condições de trabalho. A variação da duração dessa jornada, conforme a época do ano, de acordo com as tarefas dos diferentes cultivos, facilita a representação. A média de horas de trabalho durante os dias da semana, somadas as diferentes atividades, inclusive o trabalho acessório, costuma estar entre 9 e 10 horas diárias. A situação reforça a ideia de trabalho autônomo, o que impede a visualização clara das condições em que se desenvolve esse trabalho.

Não havendo possibilidade de estocagem, o algodão corre o risco de sujar-se, o que forçaria um rebaixamento de preço. Por esse motivo é imediatamente vendido. Mesmo nos casos em que não há "sujeição", isto é, a obrigatoriedade de plantio de determinado produto (e o Engenho Galileia encontra-se nessa situação), o comprador, em geral, é o proprietário da terra. Aliás, a colheita do algodão – novembro/dezembro – coincide com a época de pagamento da renda da terra que, nesse caso, condiciona o processo.

> A gente não era obrigada a vender para ele, mas fica chato, pois, não é? Ele pagava o mesmo preço dos outros.

A "rama" seca do algodão (restolho) serve para o alimento do gado nos meses mais secos – janeiro/fevereiro –, sendo que a nova limpa e o plantio iniciar-se-ão em março/abril – feijão e milho – e maio – algodão. No Engenho Galileia o restolho é usado pelo próprio gado do camponês. Em casos nos quais reina a "sujeição", principalmente nos contratos de parceria, "ceder a palha" ao proprietário das terras faz parte do contrato.

> Resta ao latifúndio o 'direito' à forragem. Consiste este 'direito' em colocar o gado no sítio alugado para comer a palha seca do milho, a rama da vagem e as folhas e maçãs verdes do algodão herbáceo. Essas maçãs dariam ao camponês alguns quilos a mais de algodão... (Julião, 1969, p. 8).

Além da lavoura, o *roçado*, o foreiro têm a *criação*. Esta compreende: a) os *bichos de terreiro* – galinhas, patos, perus, cabras e porcos; b) os *animais* que se destinam à carga – burros e cavalos; c) e o *gado*, que corresponde aos bovinos. Os primeiros, cujo cuidado

1 Os "galileus"

cabe exclusivamente às mulheres, respondem, quer através da venda, quer através do autoconsumo, às situações de necessidade "da casa" que fogem ao cotidiano. Os segundos desempenham papel importante na produção e comercialização dos dutos da lavoura. Os terceiros constituem-se em fonte de reserva que pode ser utilizada em determinada conjuntura. É através da posse do gado, uma vez que o foreiro não tem acesso aos créditos e não consegue fazer uma poupança (em dinheiro), que o camponês visualiza a possibilidade de aquisição de terras, o que garantiria a autonomia de seu trabalho[4].

O "Galileu" e seu projeto

Vimos que a base social do movimento, nesta fase, é constituída por "foreiros", que pagam a renda da terra em dinheiro, que se assalariam periodicamente e usam a força do trabalho familiar. Vejamos agora de que forma essas condições de existência são apreendidas e se constituem no fundamento de um projeto político.

A compreensão da existência social, necessária aos componentes dos movimentos sociais, só é possível na medida em que cada um se compreende a si próprio e ao outro. Este é o primeiro momento da constituição da consciência. Em outros termos, a autoconsciência só é possível a partir do reflexo do outro.

> Como não vem ao mundo provido de um espelho, nem proclamando filosoficamente, como Fichte, 'eu sou eu', o Homem se vê e se reconhece primeiramente em seu semelhante (Marx, 1966, p. 19).

Mas apenas a consciência que o ator individual ou coletivo tem de si mesmo não dá o sentido de sua própria situação, na medida em que os elementos que constituem a identidade social são inseparáveis da ideologia dominante de uma sociedade (Touraine, 1974, p. 179).

Isto coloca como necessária a análise do encadeamento e das determinações recíprocas das condições de existência e da mo-

---

4. Alásia de Heredia (1979, p. 138-140) aponta essa possibilidade, mostrando que a existência do gado na unidade camponesa constituiu-se no instrumento fundamental de acumulação que é controlado pelo pequeno produtor. (Concordamos com a ideia, embora discordemos da afirmação de que se trata de um processo de acumulação.)

dalidade da consciência presentes ao movimento social. Assim, o primeiro passo será o da apreensão da definição dos elementos que compõem a base da mobilização, por eles mesmos. Em outros termos, como se constitui a identidade do movimento social. Esse processo permitirá a apreensão de duas dimensões: de um lado, a percepção do todo pelo qual essa consciência opera como reconhecimento de uma ordem estabelecida, ocultando os fundamentos dessa ordem, as relações de dominação, de poder ou de exploração; de outro, a forma pela qual o ator do movimento – que se define por pertencer a uma coletividade, nela desempenhando papéis tradicionais – tem sua consciência de identidade minada pela evocação constante à contradição, identidade que vai perdendo seu conteúdo à medida que avançam as transformações (Touraine, 1974, p. 179-180).

Consciência de privação

O primeiro atributo definidor do camponês por si próprio é a *consciência de sua situação de insuficiência econômico-social*[5]. Ele percebe que o resultado de seu trabalho, desenvolvido em três tipos de produção – "mangaio", farinha ou algodão – por não ser suficiente para o pagamento da renda da terra, pode resultar na sua expulsão do engenho (Moraes, 1970, p. 462-463). Mais ainda, dá-se conta de que a situação não é vivida apenas por ele, mas por outros arrendatários também.

> A gente estava passando fome e nem assim sobrava dinheiro para o foro. E tudo era uma iguália só. Tinha para mais de cem famílias tudo assim.

Há, em sua definição da própria identidade, uma nítida *percepção da privação*, que se conscientiza principalmente em nível econômico. Assim, as primeiras ações coletivas em nome da associação traduzem tal percepção: a criação de um fundo para aquisição de

---

5. Utilizamos o termo "insuficiência econômico-social" no mesmo sentido que Santos (1975, p. 171-176).

caixões de defunto e para auxílio daqueles que não podem pagar a renda da terra. Em última análise, esses objetivos simbolizam as duas consequências da situação: a expulsão e a morte. São o símbolo da privação de seu espaço de liberdade: a terra e a vida. É essa privação que lhe confere a consciência de pertinência a um grupo e o que o leva a buscar a solução de *autodefesa*.

O camponês define essa privação e a necessidade de lutar para solucionar essa situação:

> A gente tinha pouco, quase nada: tinha enxada, foice, balaio, carro de mão feito lá em casa. E não tinha 'casa de farinha', nem debulhador de milho, e menos caminhão que bem que tinha precisão que assim não dependia dos outros e não tinha de trabalhar de alugado vez por outra, cada um. E por aí tudo era fraco e vivia esse viver pobre.
>
> [...]
>
> E bem que essa lordeza não dava, que o dinheiro era para se viver e não sobrava. e mesmo não dava. O viver era de menos que pobre, de necessitado.
>
> [...]
>
> Então tinha que fazer qualquer coisa, que não tinha saída: ou morrer ou viver de retirante.

Esta definição não tem um sentido estratificador, isto é, apenas alocador dos indivíduos numa situação social. Tem, além de um sentido *defensivo*, um aspecto *ofensivo*.

O sentido defensivo é representado pela manutenção do "status quo", isto é, a manutenção da situação que torna possível o trabalho autônomo: a posse da terra. Mas a perda da terra não representa apenas a perda do objeto e meio de trabalho, mas também da moradia e dos elementos que se constituem em meios de vida. É nesse sentido que os camponeses dizem:

> A terra é a morada da vida. A terra é de muito valor, da terra o homem arruma o pão de cada dia, e todo mundo tem que viver dela (Alásia de Heredia, 1979, p. 9-10).

O que o camponês passa a questionar é *o uso provisório da terra*. É verdade que, num primeiro momento, ele aceita essa provisoriedade, chegando até a convidar o proprietário do engenho para presidir a associação, admitindo que o não pagamento do foro legitima a perda do sítio e buscando uma solução definitiva para o problema com a compra de um engenho. Mas essa mesma solução aponta para o caráter *ofensivo do projeto*.

A apresentação da terra como reivindicação principal tem sido interpretada, por vários autores, como uma reivindicação puramente burguesa, por tratar-se da obtenção da propriedade privadas. Ora, os "galileus", já num primeiro momento do movimento social, pretendem a *propriedade coletiva* de um engenho, e, para tanto, encaminham a constituição de um fundo comum da associação (SAPPP) para essa compra. Não se pode dizer, com isso, que o camponês questione a propriedade, mas, antes, que ele não percebe seus contornos claramente. Aliás, em relato apresentado anteriormente, viu-se que o foreiro define o proprietário do engenho como "dono do foro", e não como "dono da terra". Daí à reivindicação de desapropriação do engenho há apenas um passo.

Sérgio Silva (1976, p. 27) lembra que a luta pela terra tem esse aspecto ofensivo, na medida em que, a rigor, coloca em questão a propriedade dos meios de produção, o que, numa sociedade capitalista, constitui-se num projeto potencialmente revolucionário. Atentando-se para a solução dada ao processo de desapropriação – organização, pelo Estado, de um programa de colonização através da Companhia de Revenda e Colonização –, percebe-se que, de certo modo, este se configura numa forma de repressão à "subversão" representada pela visão "fluida" que o camponês tem sobre a propriedade.

Assim, a CRC e, mais tarde, os outros organismos encarregados de implementar a reforma agrária retomam a si o objeto impalpável – a propriedade –, reconstruindo-se os contornos que vinham sendo "apagados" pelos movimentos sociais agrários.

Os dois sentidos da mobilização – o defensivo e o ofensivo – apontam para o aspecto contraditório da luta. Esta tem, ao mesmo tempo, um aspecto conservador e um aspecto contestador: a luta não é propriamente pela propriedade coletiva, mas se encaminha contra a concentração da terra, e, portanto, a uma específica forma de desenvolvimento do capitalismo na agricultura.

Além disso, deve-se ressaltar que o "galileu" transfigura, através da questão da terra, as condições de sua própria existência:

> O que um fraco pode fazer sem um sítio? Só pode morrer, que é dali que ele tem seu pão de cada dia e o viver de sua família. Mesmo que o mundo se acabe, se ele tem sua terrinha tem onde viver e como viver.
>
> [...]
>
> Se a gente tivesse a terra que Deus deu para todos e não para cada um, era tudo uma iguália só, que não tinha nem rico, nem pobre".

Mais um aspecto precisa ser lembrado: o papel que a privação representa como elemento impulsionador do movimento social.

Engels lembra que a privação, nos primórdios de um movimento social, tem sentido revolucionário, na medida em que se constitui em patamar que possibilita a consciência da posição desigual frente aos demais elementos da sociedade, e nesse sentido funciona como elemento aglutinador dos componentes da luta (Engels, 1971, p. 51).

De fato, no relato do camponês, anteriormente exposto, percebe-se que ele vê a privação da terra como o elemento que fundamenta a desigualdade pobres/ricos. Nesse sentido é que a noção de privação pode avançar a luta: a luta pela terra vai transformar-se em luta para a alteração de algumas das condições vigentes. Essa transfiguração vai se dar no desenrolar do movimento social, conforme veremos adiante.

Consciência da desigualdade

O segundo elemento definidor da base do movimento social surge a partir do primeiro: é a *consciência da desigualdade* existente entre o camponês e o dono da terra. Embora nesta atribuição apareçam elementos que supõem uma visão de oposição, não se trata de uma clara circunscrição do oponente. Vejamos por quê: embora o camponês perceba que o não cumprimento de suas "obrigações" para com o proprietário o destitui de seus direitos de permanência na terra, e reclame da situação, reconhece como legítimas as circunstâncias que provocam essa expulsão[6]. É sobre esse fundamento que, em circunstâncias de "desobediência" à ordem estabelecida, o próprio oponente pode invocar essa legitimação para impor sua vontade. O convite feito a Oscar Beltrão, proprietário do Engenho Galileia, para assumir a presidência de honra da SAPPP, exemplifica tal legitimação. O fato de ele se retirar do cargo, exigir a extinção da associação e punir os "desobedientes" com a expulsão demonstra a invocação daquele princípio.

Mas, nesse momento, o movimento já se havia desenvolvido. Os primeiros questionamentos surgem no início de 1954; a tentativa de expulsão dá-se em abril de 1955. Ora, a questão da desigualdade já estava se gestando no decorrer do período e vai expressar-se numa tentativa de exigir a aplicação do princípio burguês da igualdade. É assim que os camponeses buscam "a justiça" e vão lutar pelos "seus direitos". É a primeira invocação, na mobilização camponesa do Nordeste, dos direitos de cidadania. De fato, o processo não decorre segundo as vias "normais" da justiça e há atuação de elementos externos à instituição, o que discutiremos mais adiante.

A forma mais explícita através da qual o "galileu" questiona essa desigualdade é a da denúncia da discriminação na aplicação da lei. Ele se percebe claramente como:

> o anel mais fraco duma corrente: se reclama leva couro do capanga, se vai para a polícia, ela é vendida.

Se, tradicionalmente, ele buscara contornar tal situação de modo individual, não através do reforçamento das ligações com o grupo discriminado, mas pelo fortalecimento da relação verti-

---

6. Cf. a carta de José dos Prazeres a Clodomir Moraes. "Fundaremos uma sociedade. Uma vez que cada um seja membro, deverá contribuir com Cr$ 1.500,00 a fim de que a Sociedade possa adquirir um *engenho*. Você não pagará mais aluguel. Cada um de nós será dono do seu próprio pedacinho de terra, e então, o latifúndio nunca mais será capaz de expulsar ninguém de sua terra, nem tomar de volta a casa de ninguém" (Moraes, 1970, p. 463).

1 Os "galileus"

cal proprietário/foreiro, a eclosão do movimento social indica uma mudança. Colocado em questão o problema do arbítrio do proprietário e buscados os fundamentos da igualdade para questioná-lo, eles compreendem que a discussão deva ser feita num espaço político "neutro", onde o discurso sobre a igualdade de direitos *pode* ser colocado. Assim, buscam em Recife, capital do Estado, e não na vizinha cidade de Vitória de Santo Antão, a solução para o problema: primeiramente, pedindo intervenção do governador; posteriormente, buscando apoio na Assembleia Legislativa; e, por último, contratando um advogado para levar à justiça sua causa.

Porém, essa específica discussão dos direitos burgueses – pois a luta legal funda-se na aplicação dos direitos dos locatários – indiretamente coloca em questão dois pontos bastante problemáticos: primeiramente, os direitos dos trabalhadores rurais e a liberdade de associação para que lutem por eles; em segundo lugar, o problema da reforma fundiária. Ambos os pontos questionam o pacto de 1930, o que, conforme veremos posteriormente, abre novos espaços aos movimentos camponeses.

No desenvolvimento da luta dos "galileus" é reivindicada a desapropriação do engenho, reivindicação essa que é atendida. Mas tal solução não é conquistada pelas vias legais. Ao problema inusitado é questionada a propriedade da terra, buscando-se uma solução de exceção: a via política. O Engenho Galileia é desapropriado em 1959, por projeto de lei votado pela Assembleia Legislativa. Mas o sistema cria, ao mesmo tempo, o mecanismo de controle da situação: primeiro o organismo de reforma agrária no Estado de Pernambuco – a Companhia de Revenda e Colonização. A ela cabe "reorganizar esses direitos. É nesse sentido que se constitui numa das estratégias que o aparelho de Estado utiliza para desmobilização do movimento.

Mas ao processo não se levantam oposições, a não ser a dos "galileus". Pois o órgão preenche aqueles aspectos do consenso social, criados pela ideologia dominante, que imputa ao Estado, imaginariamente situado acima das classes, a tarefa de suprir as necessidades da população rural e a solução da problemática agrária, setor então identificado como entrave ao desenvolvimento (Moisés, 1977, p. 28).

Em outros termos, em nenhum momento é questionado o fato de o Estado estar comprometido com a criação e a expansão das condições gerais para a reprodução do capitalismo; nem o fato de as soluções para os problemas da força de trabalho estarem subordinadas a essa prioridade. É nessa direção que se desloca o problema. É também o que explica a possibilidade da subordinação da questão social à questão nacional e à questão do desenvolvimento, o que se manifesta claramente nas fases posteriores da mobilização social.

A definição do adversário

Paralelamente à elaboração da identidade, dá-se a definição do opositor na luta; e para que haja essa definição, é fundamental que se dimensione o conflito. Como tal não ocorre imediatamente à eclosão da mobilização, num primeiro momento, *o adversário não é definido como estranho ao grupo*. Isso explica a inclusão do nome do proprietário do engenho à diretoria da associação. Mas é na luta que se definem a identidade e a oposição. Para os camponeses do Galileia, a própria ação do adversário, proibindo a associação e expulsando os descontentes, clarifica a situação, circunscrevendo os opostos: proprietários/não proprietários de terra.

Isso, porém, não significa que o conflito esteja claramente dimensionado. O tratamento do problema apenas em nível institucional e a aceitação da solução "legal", embora esta desagrade aos "galileus" e não solucione o problema, são indicativos disso. De fato, num movimento social em que há uma clara visão do conflito, o apelo a um árbitro, a um mediador, ou aos tribunais, configura-se numa tática de defesa ou ataque ao adversário, e não numa convicção de solução para a *causa* do conflito (Touraine, 1973, p. 362-363). Assim, ao lado de outras condições, o fato de a mobilização do Galileia não colocar claramente o conflito possibilita a redefinição

1 Os "galileus" 45

do teor do projeto do campesinato em termos de outros interesses, externos a ele, conforme veremos nas etapas posteriores da luta.

Isto nos leva à conclusão de que a identidade do movimento se forja fora do conflito; identidade fechada sobre si mesma, que, para definir-se, não necessita da definição do oponente. Assim constitui-se num obstáculo para a formulação de um projeto de classe, pois sem a caracterização estrita do opositor não se define a totalidade. Mas essa indefinição se dá porque não ocorre a condição fundamental para a compreensão da existência do camponês como trabalhador rural: ele não se representa no processo de compra e venda da força de trabalho, mesmo quando se assalaria. Em outros termos, não se reconhece como produtor de valor excedente e, como decorrência, não tem condições para reconhecer a apropriação de mais-valia. O elemento mediador do processo é a representação da autonomia de seu trabalho, representação essa que

> emerge como forma ideológica, como uma autonomia formal que só adquire realidade na consciência do camponês, na medida em que ele necessariamente precisa legitimar subjetivamente sua situação (Santos, 1978, p. 145).

Inúmeros depoimentos dos "galileus" exemplificam essa situação:

> O bom é trabalhar quando se quer, não ter patrão, e se a gente perde o sítio fica cativo, e deixa de ser dono de si.
>
> [...]
>
> Quem é foreiro tem a desgraça de pagar o foro e até cambão muita vez, mas é dono do seu, que planta o que quer, quando quer e vende o que bem entende.
>
> [...]
>
> A bem dizer, a gente não tem amolação de dono, a não ser que ele queira a terra para plantar para ele. Assim mesmo ele tem que deixar uns foreiros com sítio, pois então quem vai trabalhar nas roças dele?

O que possibilita o controle de seu processo de trabalho é a posse/propriedade da terra, e assim ele a representa como

A única saída para os fracos, que sem-terra não têm por onde viver.

[...]

Mesmo que o mundo acabe, se ele (o camponês) tem sua terrinha tem onde viver e como viver.

[...]

Quem tem terra é dono de seu viver e não depende dos outros, que o alugado vive debaixo de patrão. O pobre só faz se puder juntar um dinheiro, que para isso tem de viver regrado e dentro de economia, mas no fim pode ter umas braças de seu. É que então ele é livre.

A propriedade da terra como condição de autonomia de seu trabalho é, no camponês,

> uma forma ideológica marcando sua consciência, ou seja, uma representação de sua existência que é necessariamente aparente na medida em que as condições reais de efetivação da independência do seu processo de trabalho foram subtraídas pela dominação do modo de produção capitalista (Santos, 1978, p. 139-140).

Podemos concluir que, se, de um lado, os dados apontam para uma opacidade das relações sociais, de outro, demonstram que os foreiros percebem o processo de transformação de suas condições como trabalhadores, e lutam contra ele. E, se essa constatação não se explicita num projeto político que sirva de suporte ao movimento social, aparece, todavia, na organização do trabalho camponês, e mais amplamente na própria orientação de sua existência. O simples fato de classificar sua produção em "lavoura para se viver" e "lavoura para se comprar" é indicativo dessa consciência. Se a primeira se constitui no elemento necessário para a reprodução de força de trabalho, a segunda é vista, claramente, como condicionamento para a reprodução de sua existência social: com o resultado da venda desse produto, ao pagar a renda da terra, *compra as condições para sua existência como camponês*. É esse processo que é a representação da autonomia do trabalho, representação contraditória, porque a realidade é contraditória: o sistema capitalista, que num

1 Os "galileus"

momento de seu desenvolvimento necessitou recriar o campesinato – e, para tanto, construir a ideia de trabalho autônomo –, precisa, em outro momento desse mesmo desenvolvimento, destruí-lo. E é precisamente aí que reside a contradição: é a própria ideia de trabalho autônomo e a posse da terra que garante sua representação que se constituirão em obstáculo a essa destruição.

É a partir dessa constatação que discordamos das colocações de Huizer (1973) sobre os resultados da mobilização do Galileia que culminaram com a desapropriação.

> Com esta vitória as Ligas conseguiram considerável prestígio, ainda que os camponeses do Galileia perdessem o interesse na luta agrária, uma vez obtido o êxito, e outras Ligas se convertessem em centro do movimento (p. 227).

Na verdade, se dá o inverso. Não foi o êxito que fez diminuir a eficiência do primeiro núcleo de "ligas": à dispersão dos membros soma-se a constatação de que a vitória fora, na verdade, uma derrota. O projeto primeiro, o projeto do trabalho autônomo, fora destruído. O conflito fora reduzido às dimensões da classe dominante – a questão agrária é enfocada, apenas do ângulo da reforma agrária – de modo a que o valor essencial para o capitalismo fosse preservado: a propriedade privada dos meios de produção. Mas, no nível da consciência dos camponeses, o caráter das relações sociais fica claro. Por isso o fetiche "terra" perde sua eficácia. A aparente perda de interesse é decorrência da solidão que resulta das lutas traídas.

Nesse sentido, podemos dizer que o resultado da luta do Galileia antecipa e simboliza o tratamento dado pela burguesia à questão agrária, que passará a ser enfocada através da ótica da reforma agrária, o que vai alterar o direcionamento da luta do campesinato.

2
Expansão regional do movimento
(1955-1961)

> Um galo sozinho não tece uma manhã:
> ele precisará sempre de outros galos.
> De um que apanhe esse grito que ele
> e o lance a outro; de um outro galo
> que apanhe o grito que um galo antes
> e o lance a outro; e de outros galos
> que com muitos outros galos se cruzem
> os fios de sol de seus gritos de galo,
> para que a manhã, desde uma teia tênue,
> se vá tecendo, entre todos os galos.
> *Tecendo a Manhã* (fragmentos)
> João Cabral de Melo Neto

Enquanto se desenrola a luta dos "galileus" as "ligas" expandem-se regionalmente: primeiro em Pernambuco e, em seguida, por outros estados do Nordeste. Esse alargamento do movimento, possível graças a condições sociais e políticas propícias, tem como consequência uma alteração do projeto político da mobilização. Ocorre que se filiam às "ligas" trabalhadores que, por vivenciarem condições de trabalho diversas das dos "galileus", encaminham reivindicações diferentes daquelas pelas quais estes lutam.

Em meados da década de 1950 criam-se políticas e organizações que propiciam a emergência dos conflitos, ampliando-se, graças às possibilidades abertas pela conjuntura política nacional, o espaço de atuação das forças políticas ligadas às classes populares. No Nordeste, alguns acontecimentos interferem diretamente nesse alargamento, constituindo-se o Congresso de Salvação do Nordeste e a estruturação da Frente de Recife, nos mais expressivos[7].

Em 1954, com a redefinição pelo Partido Comunista das prioridades de sua atuação política, parte de seus quadros volta-se à reorganização do movimento camponês. E, em Pernambuco, sua ação se faz sentir já nesse ano: registra-se o Sindicato de Barreiros, tenta-se a organização do Congresso Camponês de Palmares (que é impedido pela polícia) e realiza-se a Conferência dos Trabalhadores Agrícolas de Goiana.

Em 1955, sob a iniciativa da secção pernambucana da Liga de Emancipação Nacional, organiza-se o Congresso de Salvação do Nordeste, que se constitui em instrumento para a introdução, no Nordeste, das teses desenvolvimentistas. Tendo sido preparado a partir de discussões em Sindicatos e Associações de Bairros, esse Congresso amplia os espaços dos movimentos populares. A Carta da Salvação do Nordeste, documento final do encontro, entre outros pontos encaminha: a proteção à indústria nacional, a reforma agrária e o reconhecimento das comissões intersindicais, do direito de greve e da Confederação dos Trabalhadores do Brasil. Na medida em que o Congresso é aberto a todas as correntes políticas e que as discussões nele travadas colocam, sistemática e seriamente, as questões regionais mais importantes, constitui-se em iniciativa que sensibiliza todos os setores sociais, levando à realização de novos encontros. Em maio de 1956 a Igreja promove o 1º Encontro dos Bispos do Nordeste, em Campina Grande, onde os problemas discutidos são referentes quase que exclusivamente ao setor rural, resultando que, em junho desse mesmo ano, sejam assinados pelo Presidente da República 21 decretos sobre a agricultura (Camargo, 1971, p. 95). Em 1957, a

---

7. Essa discussão é amplamente desenvolvida em Soares (1980, esp. p. 28-53).

2 Expansão regional do movimento (1955-1961)

Federação das Indústrias do Estado de São Paulo envia ao Nordeste missão para estudar as possibilidades de desenvolvimento da região (Cohn, 1976, p. 100). Em 1958, sob o patrocínio da Comissão da Área das Secas da Assembleia Legislativa de Pernambuco, realiza-se o Encontro de Salgueiro, cujo documento final manifesta preocupação com um separatismo político, resultado do descompasso de desenvolvimento Nordeste/Sul (Cohn, 1976, p. 105-106). Em 1959, a Confederação Nacional da Indústria promove, em Garanhuns, o Seminário para o Desenvolvimento do Nordeste (Cohn, 1976, p. 99), reunião esta já realizada dentro das orientações da Operação Nordeste de Juscelino Kubitschek, a qual resulta na criação de organismos voltados à implementação do desenvolvimento do Nordeste: o Conselho de Desenvolvimento Econômico do Nordeste (Codeno) e a Superintendência do Desenvolvimento do Nordeste (Sudene), ambos nesse mesmo ano.

O papel desempenhado pelo PC em relação à sensibilização para os problemas do Nordeste, sua participação no Congresso da Salvação do Nordeste e a demonstração dos recursos organizacionais de que dispunha aproximam-no dos setores à esquerda do Partido Trabalhista Brasileiro (PTB). Assim se forma o germe da Frente de Recife. A frente de esquerda já consegue, em 1955, eleger, com larga margem de votos (66,87%), seu candidato a prefeito de Recife – Pelópidas Silveira (Partido Socialista Brasileiro – PSB) –, cujo programa articula-se com as teses desenvolvimentistas e propõe como ponto principal a luta pela aplicação de todas as resoluções do Congresso da Salvação do Nordeste. Apoiada publicamente por vários sindicatos e associações de bairros, essa campanha tem como significado o fortalecimento de uma aliança partidária nacionalista, que se coloca como alternativa de poder na região. O resultado é a consolidação da Frente de Recife, consolidação essa que coloca novas questões à esquerda e aos movimentos de massa, sendo que as mais prementes seriam: quais as novas alianças a celebrar e que projeto alternativo possibilitaria a reunião de grupos divergentes? (Soares, 1980, p. 33-34).

Tendo em vista que os setores mais conservadores se colocam contra as medidas destinadas à expansão da industrialização do Nordeste, setores esses que sentiam ameaçado o controle que exerciam sobre os órgãos de repasse das verbas federais (Banco Nacional do Nordeste – BNB e Departamento Nacional de Obras Contra as Secas – Dnocs), organizam-se as oposições em todos os estados nordestinos, aguçando-se as divergências entre os setores empresariais e as oligarquias refratárias à modernização (Cohn, 1976, p. 111-151). Em Pernambuco, os setores "modernos" colocam-se frontalmente contrários ao governo Cordeiro de Farias. Os protestos contra a aprovação do Código Tributário, proposto por esse governo, vão culminar num "lock-out" em novembro de 1957, quando são paralisadas todas as atividades econômicas do Estado. É em torno dessa luta que se dá a unidade da oposição, que não aceita Clélio Lemos, autor do projeto, como presidente da Assembleia Legislativa. As organizações dos trabalhadores solidarizam-se à luta das "classes produtoras". Isto lança as bases para a organização do bloco parlamentar de oposição, na Assembleia Legislativa, reunindo deputados da União Democrática Nacional (UDN), PTB, Partido Social Progressista (PSP), PST e PSB. Este grupo vem a constituir-se nas "Oposições Unidas", que, através de acordo eleitoral, lançam-se contra a política vigente.

A 7 de abril de 1958, essas Forças de Oposição lançam manifesto, assinado por membros do PTB, PCB, UDN, PSB, PSP, declarando sua disposição de marchar unida para o pleito de 1958, onde seriam eleitos o governador e o vice-governador do Estado, e deputados estaduais e federais. O presidente da Federação das Indústrias de Pernambuco, o usineiro Cid Sampaio (UDN), é indicado como candidato a governador e Pelópidas Silveira (PSB) como vice. Além disso, organiza-se lista de candidatos a deputados.

A possibilidade dessa aliança repousa sobre um projeto de desenvolvimento capaz de reunir todas as forças progressistas do Estado. De fato, a partir de meados de 1950, a expansão capitalista no Sul coloca, para setores das classes dominantes do Nordeste, a premência da procura de mecanismos de defesa que tanto possibilitassem sua sobrevivência, como permitissem o aproveitamento da "onda desenvolvimentista". Tais setores compreenderam que o ritmo dessa expansão traria a destruição das economias regionais tradicionais, havendo necessidade de canalização de recursos do Estado para a modernização das estruturas arcaicas (Oliveira, 1977, p. 64-68). O manifesto das Oposições Unidas demonstra bem esse ânimo:

> Os representantes das forças econômicas político-partidárias que esta subscrevem, reunidos hoje na cidade de Recife, manifestam a sua firme disposição de marchar coesas no próximo pleito governamental, visando acima de tudo à recuperação econômica e política da Região e ao combate a todas as formas retrógradas do exercício do poder público.

A vitória da oposição foi por larga margem (mais de 20% de diferença), mesmo no interior do Estado, onde imperava a influência das oligarquias tradicionais.

No início de seu governo, Cid Sampaio parece disposto a cumprir seus compromissos eleitorais e, com isso, consegue manter a aliança. Sintomas dessa disposição são: a nomeação de uma assessoria sindical, que funciona como intermediária nas greves (como no caso da greve dos portuários, em abril de 1959), e a assinatura do decreto de expropriação do Engenho Galileia. O decreto, que não agrada a setores das classes empresariais, leva a uma incipiente repressão, por parte do governo, sobre os movimentos populares. Mas, ainda assim, a aliança persiste. Todavia, se sua manutenção é possível em âmbito-regional, é claramente inviável em nível nacional, no qual a UDN é tradicionalmente inimiga das esquerdas. O impasse surge a propósito da eleição presidencial de 1960, quando Cid Sampaio apoia a candidatura de Jânio Quadros, contra o candidato nacionalista General Teixeira Lott. O rompimento oficial da aliança só se dará, porém, em janeiro de 1962, a propósito de questões que envolvem a Sudene.

Em 1962, com o governo Miguel Arraes, amplia-se novamente o espaço para as mobilizações populares, como podemos ver mais adiante.

Resumindo: o clima existente, a partir de 1955, em que a denúncia das condições do campesinato reforça a ideia da marginalidade do Nordeste no processo de expansão do capitalismo e da necessidade de urgentes medidas para solucionar a situação, resulta na criação de espaço político propício às mobilizações camponesas e à emergência de suas reivindicações.

Os principais líderes das "ligas", nesse momento – José dos Prazeres e Francisco Julião –, souberam aproveitar essas condições e estenderam a organização.

José dos Prazeres, tendo já, como membro do PC, fundado núcleos de trabalhadores do campo em Pernambuco, entre 1945 e 1947, acumulava experiência de organização. Naquele período, esses grupos reuniam, principalmente, os horticultores localizados em torno de Recife. Cada grupo, sendo isolado, sofria mais facilmente a repressão, e, mesmo constituindo-se em organizações ligadas a um partido político, não contavam efetivamente com uma base urbana que denunciasse a violência contra a mobilização. Quando da colocação do PC na ilegalidade, esses núcleos de trabalhadores acabaram por desaparecer, com exceção da Liga de Iputinga.

Assim, com fundamento na experiência anterior, a primeira medida tomada para aproveitar a conjuntura favorável é a transferência do controle da luta para fora do centro do conflito. José dos Prazeres leva os "galileus" a procurarem um advogado em Recife, capital do Estado, e não na vizinha cidade de Vitória de Santo Antão, onde se localiza o engenho. Este é Francisco Julião de Paula, deputado estadual pelo PSB, que passa a assumir a liderança e o controle da organização. Julião reconhece que as condições políticas são favoráveis à mobilização dos trabalhadores do campo e transforma isso numa vantagem para o movimento.

Da tática de transferência do controle da luta para o exterior do centro do conflito resultou uma organização *regional*, o que facilitou a expansão do movimento a outros grupos de trabalhadores. Isto caracteriza a diferença entre as "ligas" de 1945 e 1947 e as de 1955; aquelas, embora articuladas ao PC, constituíam-se

2 Expansão regional do movimento (1955-1961)

em núcleos autônomos, por isso mesmo sujeitos ao arbítrio dos proprietários e ao sabor do jogo político local.

Várias são as vantagens da organização regional:

a) livrar-se do arbítrio do proprietário e das autoridades que os representam;

b) possibilidades de alianças com outros movimentos sociais (Camargo, 1973);

c) extensão da legalidade a todos os núcleos que se formam filiados à associação regional (Moraes, 1970, p. 465-466).

Há, portanto, possibilidade de uma forma centralizada de atuação. Cada núcleo de camponeses, denominado *delegacia*, está vinculado à sede central, que se situa na capital do Estado. Vigora um estatuto único, sendo que basta que um pequeno grupo de camponeses se reúna, aprovando-o, elegendo uma diretoria e lavrando uma ata, que deve ser registrada em cartório, para que se tenha uma nova delegacia da associação (Sociedade Agrícola e Pecuária dos Plantadores de Pernambuco – SAPPP), devidamente legalizada.

> A sede central deve ficar na capital do Estado ou na maior cidade da região onde se funde. Porque aí estão a classe operária, os estudantes, os intelectuais revolucionários, a pequena burguesia, uma Justiça mais avançada ou menos reacionária do que aquela que se deixa sufocar, numa cidadezinha do interior, sob o peso do latifúndio. Tendo jurisdição para todo o Estado, a organização pode fundar, como consta do estatuto, as suas delegacias, ou núcleos em qualquer cidade, distrito, povoado, fazenda, serra ou córrego (Julião, 1962, p. 47).

Mas essa mesma expansão regional, vantajosa para o movimento, traz em seu bojo o próprio germe da transformação dele. O primeiro resultado claro da regionalização é a ampliação não apenas numérica de seus participantes, mas do próprio espaço em que se desenvolve o trabalho deles. A "liga", no momento em que se amplia, passa a reunir não apenas arrendatários, como os foreiros do Galileia, mas também parceiros, posseiros, pequenos proprietários e assalariados agrícolas (conforme Estatuto das Ligas Camponesas, art. 2º, item 1). Essa ampliação, por comportar indivíduos com diferentes inserções no processo produtivo e, portanto, com diferentes concepções sobre o seu próprio trabalho, traz consigo alterações no próprio móvel da luta, luta essa que se fará direcionada pelas "novas" condições em que se desenvolve seu trabalho.

Base Social do Movimento

Quais são, de fato, as condições de existência desses novos componentes do movimento social? E, em que medida essas condições, por suposto diferenciadas, podem traduzir-se em um projeto político único?

Julião assim define os novos participantes do movimento (Julião, 1969, p. 81-92): a) Arrendatário é o camponês que paga em dinheiro uma renda pela terra que ocupa. No Nordeste, recebe o nome de foreiro. Foro é o aluguel do sítio, recolhido pelo proprietário das terras, geralmente a 8 de dezembro. Além do foro, o arrendatário é obrigado a conceder ao senhor das terras alguns dias de trabalho gratuito, cujo número varia conforme o acordo estabelecido. A essa forma de pagamento em trabalho dá-se o nome de *cambão ou condição*; b) *Parceiro* é o trabalhador que aluga um pedaço de terra, dando como pagamento uma parcela de sua produção. A parceria assume diversas modalidades – a meia, a terça, ou a quarta partes da produção – conforme variam os tipos de cultivo. Este é estabelecido pelo proprietário, que fornece, além da terra, os meios de produção. Feita a colheita, recebe toda a produção, da qual desconta o preço de tudo o que forneceu, e o que resta é dividido em partes (iguais, ou terça, ou quarta, conforme o combinado), o mesmo acontecendo com os animais. Muitas vezes, no ato do contrato, já é estabelecida pelo proprietário a potencialidade de produção da terra, o que define a quantidade de produto a ser entregue como pagamento do aluguel. A mensuração, sendo arbitrária, faz o parceiro raras vezes atingir a quantidade estipulada. Ocorre, então, um saldo negativo, que deve ser pago em dinheiro. Não havendo outros recursos, o parceiro contrai uma dívida para o ano seguinte, a ser paga com a nova colheita. Além de parte do produto, o senhor das terras possui o direito de pasto ou forragem, que consiste em introduzir seu gado para comer os "restos" – palha, folhas secas etc. – da plantação; c) *Posseiro*, forma rara no Nordeste, é o indivíduo que se apossa de terras que não pertencem a ninguém, nelas estabelecendo moradia, trabalhando, fazendo melhorias, sem, contudo, possuir escritura da propriedade; d) *Minifundista* é o pequeno proprietário que possui 1 a 10 hectares. Pela exiguidade de suas terras, em geral cansadas pelo excessivo tempo de cultivo e nenhuma adubação – muito onerosa para sua condição econômica –, não consegue obter excedente de produção que possa colocar em mercado. Não podendo, por isso, apenas com a exploração de sua propriedade, prover seu sustento e de sua família, trabalha simultaneamente nas terras de um grande proprietário, como assalariado. Isto o torna membro do enorme "exército de reserva camponês".

Parece-nos que a forma pela qual é definida a base do movimento, pelo seu principal porta-voz, não dá conta das especificidades da situação desses trabalhadores. Procuraremos analisar suas condições de existência, a fim de perceber até que ponto elas estão expressas nas reivindicações encaminhadas.

O *Arrendatário*: os arrendatários, na Zona da Mata, e será esta a região de referência para a análise, pois aloca o maior número de participantes da mobilização, apresentam-se em situação semelhante àquela já apontada para os foreiros do Galileia, embora muitos deles trabalhem, sob sujeição, na lavoura da cana-de-açúcar. Muitas vezes os contratos de arrendamento obrigam o locatário das terras a plantar determinado tipo de produto e vendê-lo preferencialmente ao dono da propriedade. Esta forma de exploração da terra traz uma série de vantagens ao proprietário, que, desse modo, não somente tem a produção mercantil garantida, sem nenhum encargo, como pode recebê-la a preços baixos, em caso de retração do mercado. Além disso, é uma forma de garantir o pagamento do "foro", isto é, do aluguel da terra e, portanto, da renda fundiária. Há ainda, por parte do foreiro, a obrigatoriedade de pagamento do cambão.

> Pelo menos uma vez por ano, por um período que variava de 10 a 20 dias, ele devia trabalhar gratuitamente no serviço de manutenção da propriedade, quando não diretamente na cultura que define o próprio engenho, a cana-de-açúcar (Palmeira, 1977, p. 107).

Na época em que ocorre a mobilização, o cambão representa uma forma de prestação de serviço presente tanto entre os foreiros como entre os parceiros, em Pernambuco. É difícil precisar, por ausência de estatísticas e porque aparecem formas associadas de pagamento da renda da terra – renda em produto, renda em dinheiro e renda em trabalho –, o número de trabalhadores que presta cambão. A título apenas de ilustração, uma vez que o número de consultas, sendo pequeno, não tem representatividade em relação ao universo estudado, consultamos levantamento realizado em 1963, pelo Movimento de Educação de Base (MEB), entre os foreiros da Zona da Mata. Os dados indicam que, entre esses trabalhadores, apenas 20% paga o aluguel da terra exclusivamente em dias de serviço, havendo ainda aqueles que, além do pagamento em dinheiro ou produto, cedem "os dias de graça" (Vide Tabela I).

Tabela I[8]

Categorias	Frequências	%
Não pagam nada	5	9,3
Pagam em forma de dinheiro	35	63,6
Pagamento em dias de serviço	11	20,0
Pagamento em espécie (produtos agrícolas)	2	3,6
Não responderam	2	3,6
TOTAL	**55**	**100,00**

* Dados de pesquisa realizada pelo Movimento de Educação de Base (MEB) e Serviço Social Rural (SSR), em 1963, na zona da Mata em Pernambuco.

---

8. A tabela, que no original só apresenta dados brutos, é citada por Koury (1976, p. 56).

2 Expansão regional do movimento (1955-1961)

O *cambão*, seja prestado como pagamento exclusivo ou não, funciona não apenas como forma de barateamento dos custos de produção, não havendo necessidade de dispêndio monetário, mas também como reserva de mão de obra para os momentos de "pico" de produção. Os rendeiros, muito numerosos em Pernambuco, representam mais de 25% dos responsáveis pela terra em Pernambuco, em 1960 (IBGE, 1960, p. 5). Calcular, exatamente, o que estes representam como mão de obra é difícil, uma vez que não é computada a mão de obra familiar. Francisco Sá Jr., considerando todo o Nordeste, indica para essa modalidade de trabalho a porcentagem de 66,7% de mão de obra familiar (Sá Jr., 1973, p. 131).

Se aproximarmos os dados da pesquisa do MEB (embora lhe neguemos a representatividade) às declarações de Julião, podemos chegar à indicação de que apenas pequena parte dos foreiros presta cambão.

Como explicar, pois, que sua destruição se torne bandeira de luta do movimento?

O *cambão*, como encaminham alguns autores e como o próprio discurso dos líderes do movimento indica, é visto como uma forma de servidão, forma essa que aparece como sobrevivência de um modo de produção em extinção.

> Tem muitos nomes, bem mais que os idiomas existentes, e dentro de cada um, muitos apelidos, querendo dizer sempre uma só coisa servidão.
>
> [...]
>
> muda de nome o patrão, mas o feitor permanece, o latifúndio e o regime é o mesmo, a *servidão*, o saque, o roubo, numa palavra o *cambão* (Julião, 1969, p. 85).
>
> [...]
>
> O cambão é o dia de graça e a seca que tu dás ao dono da terra, além de pagares o foro ou a renda. Tem muitos séculos de vida. Nasceu com a servidão e continua montado no seu lombo (Julião, 1962, p. 72).

É com esse sentido que tal forma de exploração transforma-se na principal bandeira da luta do movimento, pois representa a exploração do latifúndio contra o camponês, exploração essa que é vista como de natureza feudal. Assim, a luta contra o *cambão* é uma luta contra o *latifúndio*.

Há, porém, a possibilidade de se perceber um outro sentido no *cambão*: ele pode ser visto como uma forma de venda da força de trabalho. Visto desse modo, caracterizar-se-ia como uma forma de transição entre a condição de trabalhador autônomo e a de trabalhador assalariado, não sendo explicado como estranho ao modo capitalista de produção. Nesse sentido, seria uma das primeiras formas indicativas do processo de proletarização daqueles trabalhadores.

Assim, pensar o *cambão* como uma "sobrevivência", aproximando-o à "corveia medieval", seria perder sua principal dimensão. Antes poderíamos vê-lo como uma recriação, capaz de articular a autonomia de trabalho – e sua representação, que exclui as formas diretas de assalariamento, embora aceite o trabalho acessório – e o trabalho pago. Vendo-o dessa forma, podemos recuperá-lo para a análise do movimento social numa nova dimensão: de fato, o *cambão* representa uma luta contra a sujeição, mas não uma luta contra a servidão, e sim uma luta contra a "mudança" que o *cambão* representa – a paulatina perda do controle do processo de trabalho que evolui para a clara e completa situação da venda da força de trabalho.

Essa nova dimensão permite que expliquemos o sentido simbólico que adquire a luta contra o *cambão* e o caráter político dessa bandeira na unificação das bases do movimento. Todavia, não podemos esquecer que no âmbito da liderança do movimento, e é esse sentido que a reivindicação assume em nível nacional, a luta contra o *cambão* representa a luta contra o *latifúndio*. Tal encaminhamento se configura como um momento crucial de ruptura entre as bases e a liderança do movimento.

A colocação permite, ainda, encaminhar a análise em outra direção: o papel que a luta contra o *cambão* assume no movimento das Ligas Camponesas indica uma particular visão sobre o campesinato, do papel que ele pode assumir face às transformações históricas e do destino de sua luta. Essa colocação, que indica um

2 Expansão regional do movimento (1955-1961)

particular encaminhamento que a direção do movimento vai assumir face à discussão sobre a revolução brasileira, será vista, neste trabalho, quando analisarmos os pontos de atrito entre a direção da União dos Lavradores e Trabalhadores Agrícolas do Brasil (Ultab) e a direção das "ligas", atrito esse que se torna claro no Congresso de Belo Horizonte, de 17 de novembro de 1961.

Ao enfatizarmos, anteriormente, a diversidade da forma de pagamento do aluguel da terra, abrimos a questão sobre a possibilidade da existência de diversas modalidades de arrendamento. Vejamos, pois, como isso acontece.

Maria de Nazareth Baudel Wanderley mostra que, na Zona da Mata pernambucana, os arrendatários aparecem sob duas formas: a primeira como foreiros, alugando pequenas parcelas de terra em engenhos afastados da zona propriamente monocultora, que, mediante uma renda fundiária fixa em dinheiro (foro), exploram-nas com produtos alimentares (Wanderley, 1979, p. 69); a segunda, como subfornecedores de cana para as usinas, isto é, como efetivos realizadores dos contratos de produção estabelecidos entre as fábricas e os plantadores proprietários (Wanderley, 1979, p. 73). A situação dos primeiros no processo produtivo já foi abordada ao estudarmos os "galileus". Resta-nos qualificar a segunda forma.

Analisando historicamente o aparecimento do subfornecedor de cana (Wanderley, 1979, p. 70-81), a mesma autora mostra que a crise do engenho, motivada em grande parte pelo desenvolvimento das usinas, transformara muitos senhores de engenho em fornecedores de cana para a grande indústria. Tradicionalmente, o preço da cana é calculado à base do preço do açúcar, representando o preço da matéria-prima menos da metade do custo final do produto (uma tonelada de cana produz, nessa época, 90 kg de açúcar, pagando-se por tonelada o valor de 40 kg de açúcar). Esse mecanismo transfere ao fornecedor os riscos de produção, uma vez que o preço do açúcar no mercado internacional costuma oscilar[9].

---

9. Somente quando o preço da cana é excepcionalmente elevado como na safra de 1923/1924, a exploração direta, pela usina ou pelo proprietário de terras, apresenta vantagens (cf. Wanderley, 1979, p. 73).

O fornecedor proprietário de terras, buscando forma de retransferir esses riscos, destina, como as usinas, partes de suas terras para aluguel a rendeiros, que seriam, então, subfornecedores das usinas. O aluguel da terra é fixado em 50% do produto. Assim, o subfornecedor, recebendo o preço de 40 kg de açúcar por tonelada de cana produzida, deve pagar ao proprietário da terra o correspondente a 20 kg. Resta, pois, ao rendeiro, a renda bruta do preço correspondente a 20 kg de açúcar por tonelada produzida, da qual deve deduzir os custos de produção. Ora, ele só pode sustentar tal situação na medida em que se utiliza da mão de obra familiar e que mantém cultura de subsistência simultânea à plantação de cana.

Para o subfornecedor, a situação se torna mais insegura, na medida em que os usineiros passam a dar preferência aos fornecedores proprietários em detrimento dos rendeiros (e, entre os proprietários, aos grandes e médios). Assim, rendeiros e pequenos proprietários não têm suas cotas reconhecidas pelas usinas[10].

Com o decorrer dos anos, vai-se processando a concentração da propriedade fundiária em torno das usinas, sendo paulatinamente expulsos da terra os rendeiros e os pequenos proprietários, aos quais resta a possibilidade de transformar-se em moradores das usinas. Estas, no início da década de 1960, na zona monocultora, concentravam 60% das terras exploradas (Silva Neto, 1966), o que coincide com um aumento do número de "moradores" assalariados na exploração da cana-de-açúcar. Essa concentração faz a maioria dos foreiros, na Zona da Mata, se concentrarem em propriedades muito pequenas, entre 3 e 4 hectares. Mauro G.P. Koury cita a distribuição de 18,2% de foreiros alocados em propriedades com menos de 1 ha, de 54,5% em áreas de 1 a menos de 5 ha, dados esses do ano de 1963 (Koury, 1976, p. 56). Trata-se, claramente, de um processo de extinção da categoria.

---

10. Dos 2.790 fornecedores cadastrados, proprietários ou não de terras, 69,45% são considerados *pequenos*, 24,34% *médios* e 6,21% *grandes*. Aos *pequenos*, cabe o fornecimento de 16,06% da produção da cana. Entre aqueles que não possuem cotas reconhecidas pelas usinas –1.472 –, 767 são pequenos proprietários, 415 exploram terras de terceiros e 290 terras de usinas. Os dados são da safra de 1963/1964 (Wanderley, 1979, p. 81-83).

2 Expansão regional do movimento (1955-1961)

O *Parceiro*: os parceiros constituem-se, também, em participantes da mobilização. A parceria é uma forma de organização do trabalho bastante utilizada em Pernambuco, nas regiões de plantio de algodão e de tomate. As vantagens de sua utilização, como forma de exploração da terra e do trabalho, já foram apontadas, pois são semelhantes às do arrendamento: o aumento da produtividade, o que "baixaria" os custos de produção e, portanto, o preço de mercado; a socialização dos custos e das perdas do empreendimento agrícola; a diminuição dos custos de reprodução da força de trabalho; e a reserva da força de trabalho (Loureiro, 1977, p. 70). Resta qualificá-la como forma de organização do trabalho, o que permitirá "localizá-la" no processo de desenvolvimento do capitalismo.

Embora haja certa tendência em apontar a *parceria* como uma forma de assalariamento disfarçado, podemos enfatizar seu caráter transicional pensando-a

> como relação de transição histórica para o assalariamento e/ou como relação intermediária entre a exploração econômica própria e autônoma e o assalariamento (Loureiro, 1977, p. 28).

De fato, podemos qualificá-la como relação intermediária, composta pela articulação de elementos inerentes ao arrendamento capitalista e ao assalariamento. De um lado, o parceiro não está separado de todos os meios de produção, conservando certo controle sobre o processo produtivo; de outro, não possuindo capital suficiente para realizar todo o processo produtivo, perde parte do controle sobre ele.

As transformações que atingem a parceria no Nordeste, de fato, demonstram seu caráter transicional, da produção autônoma ao trabalho assalariado. Examinando a presença dessa forma de exploração da terra naquela área, durante a década de 1950, percebemos que apresenta um índice negativo de crescimento da ordem de menos 30% entre 1950 e 1960. Se a isso somarmos o fato de que o total das categorias de trabalhadores agrícolas (pequenos proprietários, arrendatários, ocupantes, familiares não remunerados, assalariados permanentes e temporários) cresce na ordem de 53,6%, podemos perceber claramente o processo de paulatina destruição da categoria *parceiro* (Sá Jr., 1973, p. 131).

Nesse sentido, podemos dizer que o parceiro – que também é obrigado a prestar alguns dias de trabalho gratuito, geralmente não na produção, mas na manutenção da propriedade – se insere na luta da mesma forma que o arrendatário: ele luta pela manutenção do controle de seu processo de trabalho, luta contra sua extinção.

O *Morador*: até o momento em que surge a mobilização em torno dos Sindicatos, mobilização essa orientada tanto pela Igreja como pelo PC, os "moradores" associam-se às "ligas", embora estas não encaminhem especificamente suas reivindicações.

O "morador" dos anos de 1950 e início dos anos de 1960, em Pernambuco, pode ser aproximado, em termos de análise, ao colono da fase de expansão do café em São Paulo, combinando o salário monetário à produção dos meios de vida. Trata-se de um trabalhador "típico" da plantação de cana, seja em engenhos ou usinas.

Diversas são as formas de "moradia", como assinala Moacir Palmeira (1977, p. 103-114). Além do "morador-foreiro", já descrito quando descrevemos a situação dos "galileus" – que vivem em engenhos não explorados pelos seus próprios proprietários e que se caracterizariam como trabalhadores independentes –, temos aqueles que combinam a "moradia" e o trabalho autônomo ao trabalho assalariado, os quais apresentam-se segundo duas formas: o "morador com sítio e o "morador sem sítio". Ambos podem ser ou não "moradores" de *condição*.

A "moradia" sem sítio representa situação provisória para aqueles trabalhadores que se agregaram recentemente ao engenho e que, demonstrando "serviço", podem receber do senhor de engenho um sítio como "prêmio". Estes aspirantes a "sítios" moram próximos uns aos outros, em casas vizinhas ao pátio do engenho à casa-grande, ao barracão e ao cercado de gado (Palmeira, 1977, p. 106). Embora a atribuição da parcela de terra para plantio de subsistência seja encarada por "moradores" e proprietários como

2 Expansão regional do movimento (1955-1961)

retribuição a merecimento, por trabalho, representa um direito reconhecido no Estatuto da Lavoura Canavieira (Decreto-Lei n. 3855 de 21 nov. 1941) que, no artigo 23, estabelece

> O trabalhador rural com mais de um ano de serviço terá direito à concessão, a título gratuito, de uma área de terra próxima a sua moradia, suficiente para a plantação e criação necessárias à subsistência de sua família.

O não reconhecimento dessa prática como direito tem por efeito desconhecer os outros princípios estabelecidos pelo mesmo acordo, princípios aqueles que deveriam orientar os contratos de trabalho rural no setor de cana-de-açúcar, tais como: registro em carteira profissional, assistência médica, ensino gratuito para os filhos dos trabalhadores. Esse desconhecimento tem por efeito a preservação de todo o sistema de produção agrícola, fundada exatamente na "reserva" de força de trabalho à disposição das plantações. Note-se, também, que o próprio princípio legitima o arbítrio, não estabelecendo o "quantum" de terra à disposição do morador, ficando o julgamento da "quantidade de terra necessária a subsistência da família do morador" ao sabor do proprietário. Pelo fato de não possuir meios de consumo anteriores à produção, o morador sem sítio pode ser caracterizado como assalariado típico.

Os "moradores" com sítio vivem dispersos na terra do engenho, nas áreas acidentadas e geralmente não propícias à plantação da cana-de-açúcar. Têm por obrigação trabalhar para o engenho, em retribuição à "morada", dois dias semanais, gratuitamente: é a *condição*, que, no caso da "moradia", toma conotação diferente do caso de aforamento. Pelos outros dias de trabalho, recebe remuneração em dinheiro, podendo ou não os dedicar, todos ou em parte, ao trabalho de seu próprio roçado. A prática não só assegura ao engenho dois dias de trabalho sem ônus, mas, pelo fato de não haver obrigação de atribuir necessariamente os outros dias de trabalho aos "moradores", também uma reserva de mão de obra a ser utilizada apenas em alguns momentos do processo de produção. Esta última condição é reforçada, primeiramente, pela "norma" de concessão dos "sítios" apenas a indivíduos com família; e, secundariamente, pela flexibilidade dos contratos que podem, a qualquer momento, incorporar a cláusula "sujeição", isto é, a exclusividade do trabalho para o engenho. Nesse caso, o "morador" trabalharia efetivamente todos os dias para o engenho e, não fosse a produção dos meios de vida que é assumida pela família e pelo trabalhador com suas horas de folga, transformar-se-ia em trabalhador "cativo".

O "morador" sofre, no decorrer da década de 1950 e início da década de 1960, expressivas transformações na sua condição de trabalhador, sendo que tais transformações são mais violentas no setor canavieiro. Estas dizem respeito, principalmente, à perda da moradia, à consequente dificuldade de trabalho acessório pelos outros membros da família e à sua metamorfose em "clandestino". São modificações originadas pela incorporação de novas áreas à cultura da cana, setor em expansão com a retirada de Cuba do mercado internacional e à paulatina mecanização em avanço: a necessidade de novas terras faz o "morador" ser destituído de seus sítios, e a potencialidade da força de trabalho, causa liberação de braços, o que acarreta sua expulsão.

Mas o processo não se desenvolve sem obstáculos: esbarra na resistência do "morador" e é nesse sentido que sua luta, num primeiro momento, é uma luta pela permanência na terra, o que a aproxima da luta dos arrendatários, parceiros, posseiros e pequenos proprietários. Somente num segundo momento (a partir de 1961), a mobilização se encaminha para a reivindicação da extensão dos direitos trabalhistas aos assalariados do campo[11].

---

11. Numa pesquisa regional realizada entre 1969 e 1970, Lygia Sigaud (1979a) constata que, entre os trabalhadores rurais assalariados da Zona da Mata de Pernambuco, a conquista desses *direitos*, consubstanciados no Estatuto do Trabalhador Rural, de 1963, baliza seu tempo histórico – antes dos direitos e o "agora". E, nesse processo, "o passado deixa de ser visto como ausência de *direitos* e passa a ser avaliado como a presença de elementos que foram perdidos com os *direitos*, sendo, por isso mesmo, grandemente idealizado (cf. Sigaud, 1977, p. 121). Essa nostalgia do passado aponta para a interpretação de que, efetivamente, a destruição da possibilidade de produção dos meios de vida e do controle de parte do processo de trabalho, resultado do avanço da proletarização, é representada, pelos trabalhadores, como uma perda, perda essa que mesmo os "ganhos" do presente não conseguem recobrir. Aponta ainda

2 Expansão regional do movimento (1955-1961)

No início da década, no Nordeste, os trabalhadores assalariados na agricultura correspondem a menos de 15% do total de mão de obra. Desse contingente, mais de 50% se aloca na lavoura da cana-de-açúcar (Sá Jr., 1973, p. 123), seja como "moradores", seja como "clandestinos", representando o trabalhador permanente e o temporário, respectivamente. Tais dados indicam que seu número é inexpressivo face aos restantes trabalhadores do campo. Mas o processo de expulsão em curso faz aumentar numericamente, de forma sensível, essa categoria e, mais ainda, sua força política. Transformar-se-á no único segmento de trabalhadores rurais que receberá, de certo modo, resposta às suas reivindicações: o Estatuto do Trabalhador Rural. Essa resposta, de caráter nacional, levará em consideração apenas aquelas condições de vida do trabalhador assalariado do campo, definidas como *gerais* para o Brasil, perdendo-se a especificidade regional e setorial delas. É essa visão de homogeneidade do trabalho que permite a transfiguração do projeto dos trabalhadores e, mais ainda, que acaba por legitimar a "manipulação pelo alto" das medidas necessárias para dar conta dos interesses em jogo.

Assim, a indagação – é ou não o "morador" um assalariado típico? – não é um problema simplesmente acadêmico. Trata-se de problema de ordem política, que vai explicitar-se em projeto político, o qual traduzirá ou não os reais interesses dessa categoria. É exatamente o equívoco na definição do trabalhador que levará ao equívoco na definição do seu projeto de trabalho, e, portanto, ao equívoco na definição do seu projeto político.

O trabalhador assalariado só fará parte das "ligas" até o momento em que se inicia a organização dos Sindicatos. Mas, mesmo durante o tempo em que participa da mobilização, não constituirá segmento significativo na associação, não conseguindo, por isso, trazer à baila a discussão da ambiguidade de sua condição de trabalho. Isto se dá

---

para o fato de que se tratou, efetivamente, de uma metamorfose na sua própria condição de trabalhador.

porque sua arregimentação não é considerada "vantajosa" pela vanguarda do movimento, conforme veremos mais adiante.

O *pequeno proprietário*: os *minifundistas* vão aparecer como importante grupo no desenrolar do movimento, constituindo-se em apreciável parcela entre os componentes das "ligas".

Os pequenos proprietários[12] encontram-se em situação semelhante à dos foreiros, embora trabalhem em terras próprias. Na década de 1950, em Pernambuco, estes constituíam-se em 71% dos proprietários rurais, ocupando, apenas, 8,6% da área total do estado (IBGE, 1966, p. 41).

Além disso, localizam-se nas áreas menos férteis e de difícil acesso. No caso da Zona da Mata, essa ocupação restringe-se a 5% da área, distribuindo 84% dos proprietários da região (Hewitt, 1969, p. 376). Pesquisa do MEB, anteriormente citada, indica que 19% desses proprietários possuem menos de 1 ha de terras e 62,5% entre 1 e 5 ha. O dado é indicativo de pauperização, na medida em que a pequena propriedade absorve os excedentes populacionais "liberados" pelos grandes estabelecimentos de agricultura mercantil. Entre 1950 e 1960, no Nordeste, há um acréscimo percentual de 99,3% na população agrícola ativa nos estabelecimentos de menos de 10 ha. Se considerarmos aqueles com menos de 5 ha, vemos que essa porcentagem cresce para 121,2% (Sá Jr., 1973, p. 102).

Esse proprietário, embora possuidor dos meios de produção e produtor de seus meios de vida, tem uma estreita relação de dependência com os grandes proprietários da região, seja porque deles depende para "colocar" sua produção de alimentos ou de produtos para a indústria, seja porque a eles aluga sua força de trabalho.

A exiguidade de terras que determina sua quase total ocupação para a lavoura mercantil leva-o a diminuir a área destinada à produção de meios de vida. Isso determina que não haja a alternativa de cobrir os rendimentos negativos da produção por essa via. Assim, é compelido a desenvolver um trabalho acessório, ele mesmo e

---

12. Consideramos minifundistas ou pequenos proprietários aqueles que possuem estabelecimentos agrícolas com menos de 10 hectares.

2 Expansão regional do movimento (1955-1961)

alguns de seus filhos, que lhe garanta a existência e a de sua família, no período que vai do plantio à colheita.

Acrescente-se o problema da dificuldade de obtenção de créditos que lhe possibilitem o "trato da terra", o que lhe garantiria maior produtividade. Na falta desse recurso, tem que recorrer a empréstimos dos grandes proprietários que, para os concederem, vinculam a produção, constituindo-se a prática num processo de rebaixamento de preços.

A partir dos elementos apontados na caracterização do *arrendatário*, do *parceiro*, do *morador* e do *pequeno proprietário*, podemos retirar alguns traços comuns. Conforme vimos, arrendatários, parceiros e pequenos proprietários, embora produzindo "por conta própria", encontram-se vinculados direta ou indiretamente às culturas industriais; os "moradores" e os trabalhadores vinculam-se diretamente a elas, principalmente à cultura da cana-de-açúcar. A situação indica um avanço do processo de subordinação desses trabalhadores ao capital, subordinação que cresce à medida que capitais de certa importância se apossam da produção de açúcar. O processo faz com que que aqueles que não podem ser absorvidos pelas mudanças que o desenvolvimento do setor exige sejam marginalizados. Em outros termos: a reconcentração da Propriedade de terras pelas centrais de usinas; o aumento da produtividade do setor; a diminuição de trabalhadores incorporados à produção, devido à necessária potenciação da força de trabalho, leva à expulsão desses trabalhadores da terra, exigindo sua destruição. Assim, o parceiro, o arrendatário, o pequeno proprietário, o "morador", têm um único destino: a proletarização. E é contra esse processo que desencadeiam sua luta.

Levando, pois, em consideração a situação apontada em relação aos trabalhadores que se constituem na base do movimento social, qual é o *oponente* na luta? As lideranças das "ligas" apontam a luta em direção ao latifúndio, como sinônimo de servidão.

> A característica principal da situação agrária brasileira é o forte predomínio da propriedade latifundiária. Com uma

população rural de 38 milhões de habitantes, existem no Brasil apenas 2.065.000 propriedades agrícolas.

Neste número incluem-se 70.000 propriedades latifundiárias que representam 3,39% do total de estabelecimentos agrícolas existentes, mas que possuem 62,33% da área total ocupada no país. É o monopólio da terra, vinculado ao capital colonizador estrangeiro, notadamente o norte-americano, que nele se apoia para dominar a vida política brasileira e melhor explorar a riqueza do Brasil.

É o monopólio da terra o responsável pela baixa produtividade de nossa agricultura, pelo alto custo de vida e por todas as formas atrasadas, retrógradas e extremamente penosas de exploração semifeudal que escravizam e brutalizam milhões de camponeses sem-terra. Essa estrutura agrária caduca, atrasada, bárbara e desumana constitui um entrave decisivo ao desenvolvimento nacional e é uma das formas mais evidentes do processo espoliativo interno (Julião, 1962, p. 82).

E é sobre essa argumentação que se funda a luta pela Reforma Agrária.

A fim de superar a atual situação de subdesenvolvimento crônico, de profunda instabilidade econômica, política e social e, para deter a miséria e a fome crescentes e elevar o baixo nível de vida do povo em geral e melhorar as insuportáveis condições de vida e de trabalho a que estão submetidas as massas camponesas, torna-se cada vez mais urgente e imperiosa a necessidade da realização de uma Reforma Agrária que modifique radicalmente a atual estrutura de nossa economia agrária e as relações sociais imperantes no campo.

A Reforma Agrária não poderá ter êxito senão a partir da ruptura imediata e da mais completa liquidação do monopólio da terra, exercido pelas forças retrógradas do latifúndio e do consequente estabelecimento do acesso à terra aos que a queiram trabalhar (Julião, 1962, p. 82s.).

Considerando as colocações feitas em relação à situação do trabalhador, parece-nos *que o adversário está mal definido*: não se trata do latifúndio, mas da propriedade capitalista. O direcionamento

2 Expansão regional do movimento (1955-1961)

dado ao movimento afasta a luta do núcleo que daria unidade ao projeto camponês, a discussão clara de que suas reais condições de existência social, condições essas que estão balizadas pelo processo de expansão do capitalismo no campo. É nesse sentido que afirmamos que o teor do movimento social do campesinato passa a ser elaborado fora do contexto de suas experiências comuns, fora da concepção de mundo que fundamenta seu projeto político, sendo este redefinido em termos de outra classe social (Bastos e Chaia, 1980).

A organização das "ligas"

Vimos, anteriormente, que as "ligas" arregimentam, preferencialmente, arrendatários, parceiros, posseiros e pequenos proprietários – aquela parcela de trabalhadores rurais denominada "campesinato" – e encaminham sua luta, deixando de lado as reivindicações dos trabalhadores assalariados, que irão constituir-se na base social do movimento nascente pela Sindicalização. As razões que levam a direção do movimento a agir desse modo são expostas por Julião:

> Partimos do princípio de que para organizar legalmente e pacificamente determinada classe são imprescindíveis três fatores: 1) o jurídico; 2) o financeiro; 3) o econômico. Por outras palavras, a classe a ser organizada precisa: a) dispor na sociedade em que se situa de uma lei que proteja alguns dos seus direitos; b) possuir um mínimo de condições financeiras, que lhe permita conduzir, legalmente, a defesa dos seus direitos; c) finalmente, ter um mínimo de condições econômicas que lhe permita oferecer resistência ao adversário (Julião, 1962, p. 50).

O campesinato dispõe dessas condições, portanto apresenta um potencial mobilizador muito superior ao do assalariado, que se encontra em situação social muito diferente.

Examinamos, pois, como, segundo a ótica da liderança do movimento, atuam esses fatores para a organização legal e pacífica dos camponeses:

a) o fator *jurídico*, que busca na lei a proteção dos direitos daqueles trabalhadores. À organização dos assalariados agrícolas interpõem-se acordos com os órgãos oficiais dos quais depende o reconhecimento de seu direito de associação, acordos esses ancorados no pacto de 1930. O camponês, ao contrário, tem o direito de associar-se, direito esse fundado no Código Civil, ao mesmo tempo instrumento do campesinato e da burguesia, na medida em que representa "conquistas dessas classes contra a opressão feudal" (Julião, 1962, p. 59). A liderança do movimento percebe os interesses dessas classes coincidentes em muitos pontos.

> As reivindicações daquelas duas classes – a burguesia e o campesinato – são quase comuns, já que têm como base a *propriedade privada* – aspecto da infraestrutura econômica sobre a qual se ergue a superestrutura jurídica, o Código Civil (Julião, 1962, p. 59s.).

Tal fundamentação legal facilita o registro rápido do estatuto da Liga Camponesa, que se apresenta, para fins legais, como uma sociedade civil, não dependendo do Ministério do Trabalho. O fato de a organização obter personalidade jurídica permite-lhe ultrapassar o caráter localista do movimento, o que colocaria seus membros à mercê de vinganças dos proprietários locais, conferindo-lhe um alcance regional. Essa amplitude será instrumento eficaz contra o latifúndio, enquanto a utilização do Código Civil representa uma arma, segundo Julião, se não de aliança, pelo menos de neutralização da burguesia, pois o que está no bojo da discussão é a propriedade. Esta, como objeto de discussão, aparecerá claramente através da colocação do problema da reforma agrária, que surgirá paulatinamente, como plataforma reivindicatória do movimento;

b) o fator *financeiro*, que confere ao camponês uma grande capacidade de resistência na luta contra o latifúndio. Enquanto o assalariado não dispõe de meios de produção, o camponês pode sustentar-se, e à sua família, durante o tempo em que se prolonga sua demanda, pois continua a ocupar suas terras. Possui meios de manutenção através de uma produção que visa à

2 Expansão regional do movimento (1955-1961)

sua subsistência e cujo excedente coloca em mercado, não mais através do proprietário das terras, mas de forma independente. Assim, dispõe de condições que lhe permitem a condução legal da luta pelos seus direitos (Julião, 1962, p. 61s.);

c) o fator *econômico* que se configura na possibilidade de resistência ao adversário. O sentimento de propriedade das benfeitorias (no caso do foreiro) ou de posse da terra (no caso do posseiro) fortalece o espírito de luta, na defesa dos direitos que considera legítimos. É também o sentido de defesa que lhe permite alianças, seja com outros trabalhadores do campo, seja com setores das camadas urbanas. É o próprio direito de propriedade que está em questão (Julião, 1962, p. 62).

As leis invocadas na luta são a lei dos locatários e a do usucapião. Ambas se encaminham na direção da defesa dos direitos. Os dirigentes do movimento consideram muito importante este fator, porque, enquanto o assalariado dirige sua luta contra a usina – setor político e economicamente mais forte –, o camponês se lança contra o latifúndio – um elo enfraquecido na estrutura de classes.

> A usina é muito forte para ser atacada de frente; é uma fortaleza bem guardada... *O latifúndio absenteísta*, improdutivo e o *alvo ideal* (Julião, 1968, p. 155).

> Enquanto o capitalista utiliza o tempo para arrefecer o ânimo do assalariado e derrotá-lo... o camponês se socorre do mesmo expediente para permanecer na terra, desgastando a resistência do latifundiário, porque seu sonho é não deixar o sítio que conserva a marca de seu trabalho (Julião, 1962, p. 62).

Aspásia Alcântara de Camargo, interpretando essa situação, assinala que o conflito se define como não sendo de natureza econômica, mas como um conflito de direito. Na medida em que sua solução só pode ser dada fora do campo de afrontamento dos atores do movimento social, para sua resolução recorre-se à justiça, cujo centro é afastado do latifúndio e não submisso ao controle do proprietário. Isto leva-a a afirmar que a luta pela terra não é luta *econômica*, mas *política*.

Concordamos, em parte, com a argumentação, no sentido em que ela indica o papel que o latifúndio desempenhará na correlação de forças das classes dominantes no panorama nacional, papel esse colocado em questão pelo pacto populista. Discordamos, porém, da interpretação dada à luta pela terra que, em consequência da argumentação anterior, é considerada a definição de um conflito de *direito*. Na verdade, é o encaminhamento da luta que a leva a transformar-se em luta pelos direitos. Em outros termos, é o direcionamento da luta que transforma o projeto camponês de *luta pela terra* numa luta *pela reforma agrária*. Esta, sim, é uma luta política que se funda na discussão de uma suposta unidade de interesses de diferentes setores da sociedade.

De fato, a luta pela posse da terra não é, necessariamente, uma luta pela *propriedade capitalista da terra*. É o *legalismo*, que lhe serve de suporte, que permite a transfiguração da primeira na segunda, na medida em que a discussão dos direitos burgueses tem a propriedade como elemento balizador. É ali que reside a mágica: a transformação de uma luta que a rigor é uma luta pela posse dos meios de produção ("seu sonho [do camponês] é não deixar o sítio que conserva a marca do seu trabalho") (Camargo, 1973, p. 203), portanto uma luta potencialmente revolucionária, numa luta dentro da ordem, uma ordem a ser transformada, é verdade, mas não negada (Julião, 1979b, p. 22).

Esses fatores – jurídico, financeiro e econômico – facilitam a mobilização, e o resultado é que, nos cinco anos que decorrem da fundação do primeiro núcleo e da busca de um advogado que defenda sua existência, um grande número de novos grupos surge em Pernambuco. A expansão estadual se acelera após a realização do *1º Congresso de Camponeses de Pernambuco*, em setembro de 1955, um mês após o Congresso para a Salvação do Nordeste. A reunião, que congrega 3 mil camponeses no Clube Náutico de Recife, tem o patrocínio de Josué de Castro, então diretor geral da FAO (*Food and Agriculture Organization*). Nessa reunião José dos Prazeres é eleito presidente das Ligas Camponesas. Ao final dela, realiza-se marcha dos camponeses pelas ruas da capital do estado. Da reper-

2 Expansão regional do movimento (1955-1961)

cussão desse fato resulta, também, que o movimento passe a reunir não apenas arrendatários, parceiros, pequenos proprietários e posseiros, como até então, mas também trabalhadores assalariados. Dos 25 núcleos surgidos em Pernambuco, 13 localizam-se na Zona da Mata, 11 no Agreste e 1 no Sertão. São eles: *Mata* – Olinda, Paulista, Igarassu, Goiana, São Lourenço da Mata, Paudalho, Jaboatão, Moreno, Vitória de Santo Antão, Cabo, Escada, Cortês e Bonito; *Agreste* – Limoeiro, Bom Jardim, Orobó, João Alfredo, Surubim, Gravatá, Bezerros, Caruaru, Belo Jardim, São Bento do Una e Pesqueira; *Sertão* – Buique.

Esses núcleos representam a reunião das "delegacias" de um mesmo município. Para os camponeses são as delegacias que se constituem no cerne do movimento. São elas o seu espaço de atuação. As delegacias de "Galileia", "Limão", "Espera", "Cova da Onça", "Miroeira", "Água Preta" figuram entre as mais atuantes.

A desapropriação do Galileia, em 1959, considerada uma das maiores vitórias do movimento camponês, facilita a expansão que então atinge outros estados do Nordeste: Paraíba, Alagoas, Ceará e Maranhão. Mais adiante, atingirá Paraná, Rio de Janeiro, Minas, Rio Grande do Sul e Goiás, núcleos que

> não tinham a força nem a predominância das Ligas do Nordeste, porque sua massa de camponeses era dispersa e não havia advogados com experiência, dispostos a dar tempo completo para aquilo. Daí por que as Ligas não cresceram tanto no Sul como em Pernambuco e Paraíba (Julião, 1979a, p. 17).

Entre 1960 e 1961 são organizadas federações em dez estados. As "ligas" começam a ter suporte nacional. Passam a ter reconhecida sua força não apenas pelo sucesso obtido no Galileia, que dá ideia apenas da sua importância regional, mas pela atuação de seus líderes no I° Congresso Nacional de Lavradores e Trabalhadores Agrícolas.

Julião chama atenção para mais dois elementos que, segundo ele, explicam a multiplicação das "ligas": o interesse da burguesia industrial na reforma agrária e o conhecimento, pelos camponeses, dos acontecimentos da revolução cubana.

> Houve um tempo em que a própria imprensa burguesa, aliada à burguesia industrial urbana, passou a defender a reforma agrária, meio de quebrar o latifúndio tradicional e levar o capitalismo ao campo – um processo bem clássico. O clima era favorável, portanto, e as Ligas se multiplicaram em Pernambuco, se estenderam até a Paraíba e poderiam se espalhar por muitos outros Estados, poderiam se nacionalizar, caso não houvesse faltado o instrumento indispensável: um corpo eficiente e dedicado de advogados.
>
> [...]
>
> a certa altura houve uma ampliação e um aprofundamento consideráveis do movimento camponês, também estimulado pela notícia da revolução cubana (Julião, 1979b, p. 21).

Táticas de mobilização

Na difusão das "ligas" e no trabalho de proselitismo, Julião afirma ter contado com três instrumentos: o Código Civil, a Poesia Popular e a Bíblia (Julião, 1979a, p. 14).

Sobre o Código Civil repousa o status legal da organização dos camponeses. Além disso, a permanência de um camponês na terra (sua ou alugada de outrem) repousa sobre a força de um contrato civil, o que lhe garante, durante o litígio, a permanência no sítio.

> O camponês tem um respeito quase reverente pela lei e descobrir que essa mesma lei serve para defendê-lo é quase uma revolução.
>
> [...]
>
> Antigamente, a lei, para o camponês, era o soldado ou o capanga, que lhe dizia: você tem 24 horas para sair dessa terra, do contrário irá para a cadeia ou sofrerá consequências ainda piores para sua teimosia. Ele nem sabia o que era um juiz ou um advogado. Chegar até o juiz, sentar-se diante dele e à mesma mesa que o latifundiário, já representa uma revolução na sua consciência. Assim, muitas vezes eu dizia ao camponês: vamos perder a causa, mas até lá vai ficando aí, continua plantando, vê se junta um dinheirinho, quem sabe

2 Expansão regional do movimento (1955-1961) 77

o bastante para comprar um pedaço de terra. Os outros arrendatários começavam a observar, curiosos, aquele homem ameaçado de despejo numa semana, e que ia ficando meses e anos. Então dizíamos: é porque ele é da Liga, porque tem quem o defenda pela lei... (Julião, 1979b, p. 22).

O segundo instrumento é a poesia popular. Sendo a maioria da população camponesa analfabeta, é principalmente pela tradição oral que se mantêm alguns elementos componentes de sua cultura: narrativas, estórias e poesias. Nessa manutenção, desempenham papel destacado o violeiro, o cantador e o folhetinista. O violeiro e o cantador são figuras sempre presentes nas feiras ou nas festas do interior do Nordeste; e as feiras são lugar obrigatório para os camponeses que aí vendem seu produto e se abastecem.

> Em face disso, não hesitamos em convocá-los (o cantador, o violeiro e o folhetinista) para o trabalho das Ligas Camponesas. Violeiros, cantadores e folhetinistas passaram a colaborar com as Ligas de maneira eficiente. Com esse veículo não só era mais fácil o trabalho do proselitismo junto ao Campesinato, como a penetração da notícia sobre as Ligas nas fazendas onde o agitador político não podia entrar, dada a vigilância do latifundiário.
>
> Com a ajuda desses profissionais, saímos do grande cerco da imprensa, vencemos o silêncio, quebramos o isolamento (Julião, 1962, p. 41).

O próprio Julião passa a escrever folhetins sob o nome de José da Silva e o movimento procura influenciar a atuação dos folhetinistas.

> Chegamos a fazer congresso de violeiros para ver se era possível sair do canto alienado, que cantava feitos não relacionados com a vida real dos camponeses, para encarar o problema da fome, da miséria e da injustiça, usando uma poesia ideológica (Julião, 1979a, p. 13).

Na verdade, não poderíamos denominá-la alienada, uma vez que vasta parte da literatura de cordel explora temas baseados na luta do fraco contra o forte, mostrando situações nas quais há a vitória do primeiro sobre o segundo. Nesse sentido, essa poesia questiona a desigualdade, embora projete sua solução para uma ordem utópica. Sua utilização pelo movimento, como instrumento de mobilização, busca transportá-la do nível do sonho para o da realidade.

O terceiro elemento mobilizador é a Bíblia.

> Quem me fez tomar a Bíblia foi a Igreja. O movimento das Ligas nasceu antes do Vaticano II, e naquela época a Igreja estava muito relacionada com os terra-tenentes, os grandes latifundiários... e quando começamos a defender os camponeses os vigários mais reacionários começaram a denunciar que se tratava de coisa perigosa, contra religião, contra Deus. Vi que muitos camponeses estavam preocupados com essas coisas de perder a alma, de não poder se confessar, batizar os filhos, casar na Igreja, e que era um problema sério (Julião, 1979a, p. 14).

Segundo Julião, essa aliança com os latifundiários levava a Igreja a "ensinar aos camponeses o catecismo da acomodação" Centrou seu trabalho no combate a essa posição, mostrando que a propalada "paz de campo" é a "paz dos cemitérios" (Julião, 1979b, p. 24).

E, na luta contra a Igreja tradicional, a "Igreja dos Latifundiários" liga-se aos pastores protestantes, religião naquele tempo perseguida. Dizia:

> Vocês são a religião oprimida. Os camponeses também estão sendo oprimidos. Por que vocês não se juntam comigo pra gente fazer um trabalho no campo? Peguem a Bíblia que eu vou com o Código Civil. Isto deu certo, em pouco tempo os camponeses encheram esse vazio, mesmo sendo analfabetos recebiam sua Bíblia (Julião, 1979a, p. 14).

Foi assim que alguns pastores protestantes se transformaram em grandes líderes camponeses: Manoel da Conceição (do Maranhão); João Pedro Teixeira, líder da Liga de Sapé (Paraíba), o núcleo com maior número de adeptos, assassinado em abril de 1962; Joaquim Camilo e João Evangelista, de Jaboatão (Pernambuco).

Julião explica essa liderança:

> Não bebiam, não fumavam e só tinham uma família, então os camponeses se interessavam em que os protestantes

2 Expansão regional do movimento (1955-1961)

fossem presidentes e secretários das Ligas porque tinham orgulho de saber que seu presidente não se embriagava, embora eles tivessem várias famílias e se embriagassem. Tinham orgulho de saber que seu presidente era um homem sério (Julião, 1979a, p. 16).

A razão da atuação dos líderes protestantes na luta camponesa é discussão abordada por Regina C. Reyes Novaes, ao estudar as associações religiosas e a organização de trabalhadores no Agreste pernambucano (Novaes, 1979). Aponta a autora que, embora a oposição religião/emancipação política seja por demais conhecida, é uma oposição mais frequentemente irredutível quando se trata de religiões universalistas; mas, se tratando de heresias, pode-se reduzir a oposição a uma unidade. Nesse sentido, a associação religiosa assume forma organizacional transitória, podendo assumir caráter político em determinadas conjunturas e momentos históricos. Constata, na região estudada, um aumento no número de adeptos ao pentecostalismo, o que parece significar:

> O protesto simbólico que a conversão dos desprivilegiados pode representar contra a religião oficial, a religião dos 'ricos' (Novaes, 1979, p. 13).

Mas esse protesto é mais do que simbólico porque, na tentativa de reconstrução de uma "comunidade de irmãos", promove uma intensa convivência entre os "pobres". Ora, os ricos se excluem e são excluídos por não se adequarem às formas dessa convivência.

> Os *ricos* se disporiam a conviver regularmente com os *pobres* comendo a mesma comida, bebendo a mesma água e saindo para o trabalho religioso nos sítios? (Novaes, 1979, p. 15).

Tratando-se de aglomerados pouco densos, a desigualdade ricos/pobres fica mais clara e a "comunidade de irmãos" passa a ser o espaço em que os *pobres* compartilham, conscientemente, as mesmas condições de existência. E é nesse *locus* que passam a questionar alguns fundamentos de legitimidade constitutivos da dominação. É então que passam a "exigir" seus *direitos*. Esta situação pode ser exemplificada com a atuação de João Evangelista, líder das "ligas" em Jaboatão. Conta-a Julião:

> Se a Liga era legal queríamos dar esse caráter de absoluta legalidade, pondo a placa, convidando as autoridades, mas muitos se negavam a ir ou prometiam ir e não iam. O prefeito de Jaboatão... disse a João Evangelista: 'Não vou a esse negócio porque é comunismo'. João, que era protestante, disse: 'Olha, minha religião é a de Jesus Cristo. Estou com Jesus'. 'Não, você pensa que está com Jesus Cristo, mas está servindo ao comunismo'... 'Me explica o que é comunismo, porque vejo um negócio legal, tem placa, tem tudo direitinho'.

> 'Comunismo é tomar o que é dos outros, é fazer mal à filha dos outros, é empatar a religião dos outros'. João Evangelista pensou um pouco e disse: 'Pois então já estamos nele, homê. Cê sabe que tenho uma filha bonita, mas vem o dono da terra, ou o capataz, ou o gerente da usina, ou o capanga e me infelicita a menina. Já perdi e aí ela se prostitui, porque ele não casa com ela. Vivo também na propriedade de dona fulana de tal que é católica e ela não permite que eu faça meu culto na minha casa. Então ela está empatando minha religião. Outra coisa: a gente planta pé de café, a bananeira, a manga, faz uma casa, um barreiro, um dia vem o proprietário e diz que quer terra, nos expulsa de lá com 24 horas e não paga nada. Se a gente resiste manda matar ou põe a polícia em cima da gente. Tá tomando o que é da gente, o que fiz com meu trabalho. Então é o comunismo. A Liga vem pra acabar com essa lei e fazer a lei da justiça (Julião, 1979a, p. 15).

De fato, a colocação lembra a feita por Engels sobre o papel das heresias medievais que expressam as aspirações dos camponeses pedindo

> A instauração da igualdade cristã entre os membros da comunidade e seu reconhecimento como norma para a sociedade inteira. A igualdade dos filhos de Deus devia traduzir-se pela igualdade dos cidadãos.

Assim,

> o nivelamento das desigualdades mais escandalosas na propriedade eram reivindicações formuladas e considera-

2 Expansão regional do movimento (1955-1961)

das como consequência necessária da doutrina cristã (Engels, 1971, p. 37).

Do mesmo modo, podemos refletir sobre o papel que a *austeridade* desses líderes – "não bebiam, não fumavam e só tinham uma família" – tem no movimento. A renúncia aos "bens do mundo" pode ser vista como elemento articulador da identidade da base do movimento social, uma vez que ela possibilita a consciência da posição desigual face aos outros membros da sociedade, funcionando como elemento aglutinador da luta.

Não podemos esquecer outras táticas que garantem a mobilização e que não dizem respeito às relações internas do movimento, mas às suas relações com outros grupos e movimentos sociais.

A primeira delas é a criação de um Conselho Regional das Ligas, sediado no maior centro urbano de cada federação, formado por profissionais liberais e políticos. Esse Conselho assume dois papéis: o de dar uma larga base de luta para as delegacias das "ligas", o que torna possível o enfrentamento com o poder local; o de sensibilizar os setores urbanos para a luta camponesa e sua organização.

De fato, a tradicional violência da luta local alerta os dirigentes a que busquem um apoio externo para a luta, que no caso vai ser o dos centros urbanos. Fragmon Borges assinala que é o apoio da cidade que garante a sobrevivência das "ligas" – estas são criadas nas cidades, lá têm a sua sede, é ali que os camponeses se reúnem, recebendo apoio dos operários, estudantes, intelectuais e até mesmo de algumas autoridades –, atenuando e às vezes impedindo a repressão policial e dos latifundiários (Borges, 1962, p. 254).

É o Conselho Regional que garante o apoio das massas e o comprometimento dos partidos políticos. Em Pernambuco, alguns membros do PTB, do PCB e do PSB faziam parte desse Conselho.

A segunda dessas táticas constituía-se em manifestações periódicas, atos públicos, marchas, principalmente como forma de exercer pressão para agilizar a solução de problemas, ações judiciais, aprovação de leis.

A 'marra' é isto, quero repetir porque muita gente confunde pressão social – um direito legítimo – com violência ilegal. Esse tipo de pressão só se torna possível quando a massa tem consciência dos seus direitos e necessidades (Julião, 1979b, p. 22).

Algumas dessas reuniões marcaram época: em 1955, 3 mil camponeses realizaram marcha sobre Recife, por ocasião do *1º Congresso de Camponeses de Pernambuco*; em 1957, no dia 1º de maio, 600 camponeses confraternizaram-se com a classe trabalhadora urbana, em Recife; em 1959, por ocasião da votação da desapropriação do Engenho da Galileia, reuniram-se em torno da Assembleia Legislativa cerca de 3 mil camponeses e 6 mil populares urbanos. Imediatamente após a aprovação do projeto, organiza-se marcha em direção ao palácio do governador, para solicitar o sancionamento da lei.

Julião assinala que, entre 1958 e 1959, "somente na cidade de Recife, durante 3 meses, realizamos oitenta atos públicos, a céu aberto" (Julião, 1962, p. 41).

A participação ativa em congressos nacionais e a associação a manifestações de outros grupos de camponeses são atividades que pertencem à fase posterior do movimento.

A terceira tática constituía-se na colocação da liderança camponesa em contato com a liderança sindical.

Convidei líderes sindicais para me acompanharem ao campo. […] Encontrei dificuldades. […] Tratei então de inverter a operação: já que não conseguia levar o operário ao campo, levei o camponês à cidade" (Julião, 1979b, p. 72).

A quarta tática era o recurso à imprensa, não apenas para dar a conhecer o movimento, mas principalmente para denunciar as arbitrariedades e a violência. Alguns jornais, como *Semanário, Novos Rumos, Terra Livre, Binômio, Última Hora, Correio da Manhã, Jornal do Brasil, O Estado de São Paulo*, cumpriram esse papel.

2 Expansão regional do movimento (1955-1961)

O papel de denúncia vai ser maior a partir de 1962, quando podemos perceber um crescimento da violência contra líderes das "ligas". Nesta fase é possível apontar algumas ocorrências:

a) em 1955, foi emboscado o camponês João Tomás, no Engenho do Serrote. Consegue refugiar-se no Engenho de Sambaíba, de onde desaparece. Organizada uma comissão de parlamentares da Assembleia Legislativa em Pernambuco (Paulo Viana, Clodomir Moraes e Francisco Julião) para apurar os fatos, responsabilizam o tenente Zeferino, do município de Goiana, pelo desaparecimento (Fonseca, 1962, p. 45s.);

b) em fins de 1956, Julião é preso na sede das "ligas" em Vitória de Santo Antão, levado à Secretaria de Segurança Pública de Recife e liberado em vista da imunidade parlamentar. Abriu-se comissão de inquérito, ficando responsabilizado o Capitão Jesus, auxiliar do coronel Bráulio Guimarães (Fonseca, 1962, p. 53);

c) ainda em fins de 1956, também em Vitória de Santo Antão, na sede da Liga, estando presentes os deputados Julião, Miguel Arraes e Veneziano Vital, houve ameaça de invasão pela polícia, sustada em vista das imunidades parlamentares (Fonseca, 1962, p. 53).

Conhecida e perseguida, a Liga termina a década de 1950 com cerca de 35 mil associados no Estado de Pernambuco e cerca de 70 mil no Nordeste (Meira, 1961). Já em 1961 a mobilização começa a preocupar setores externos à região. Em julho de 1961 (5/7/1961) é feita uma petição assinada por 141 deputados federais, sob a iniciativa do deputado pernambucano Andrade Lima Filho, para a constituição de uma comissão parlamentar de inquérito para investigar o "fenômeno" das Ligas Camponesas.

A primeira proclamação de caráter nacional feita pelo movimento é a do lançamento da campanha pela Reforma Agrária, a 15 de setembro de 1961, com os Dez Mandamentos das Ligas Camponesas para libertar os Camponeses da Opressão do Latifúndio. No *I Congresso dos Lavradores e Trabalhadores Agrícolas* do Brasil, a

17 de novembro do mesmo ano, essas posições serão defendidas e encaminhadas como resoluções do encontro.

Em resumo, os mandamentos propõem: aumento de tributação da terra, relacionando as taxas à extensão, eximindo as pequenas propriedades de qualquer tributo; organização de uma frente para a luta pela reforma da Constituição, no que diz respeito à desapropriação de terras; regulamentação do arrendamento e da parceria; organização de cooperativas mistas de produção agrícola e industrialização; medidas enérgicas contra a concentração monopolista da terra; estabelecimento de programas de colonização; extensão da legislação trabalhista aos trabalhadores rurais; organização de cooperativas para comercialização dos produtos agrícolas; reestruturação da lavoura canavieira, encaminhando cumprimento de lei de atribuição de terras para o cultivo de alimentos, estabelecimento de zoneamento, elevação da produtividade através de melhorias técnicas, sindicalização conjunta de trabalhadores da lavoura e da indústria açucareira, representação de trabalhadores no IAA (Instituto de Açúcar e do Álcool); estímulo à criação de novas Ligas Camponesas em todo o Brasil[13].

É interessante notar que, se este documento representa o "lançamento" nacional das "ligas", representa também o fim de uma etapa do movimento, etapa marcada por uma luta pela aplicação dos *direitos*, mas uma luta que se centra na defesa dessa aplicação para casos individuais e concretos.

Na próxima etapa, marcada de início pela Declaração de Belo Horizonte – documento que dista cronologicamente apenas dois meses dos 10 Mandamentos das "ligas", mas do qual muito se afasta ideológica e politicamente –, veremos o centro da luta ampliar-se, incorporando ao seu projeto a questão nacional e a questão desenvolvimentista.

---

13. *Dez Mandamentos das Ligas Camponesas para Libertar os Camponeses da Opressão do Latifúndio*, edição, local e data não indicados (apud Andrade, 1963, p. 250-252).

3
Expansão nacional do movimento
(1961-1963)

No canavial tudo se gasta
pelo miolo, não pela casca.
Nada ali se gasta de fora,
qual coisa que em coisa se choca.

Tudo se gasta mas de dentro:
o cupim entra os poros, lento,
e por mil túneis, mil canais,
as coisas desfia e desfaz.

Paisagens com cupim (fragmentos)
João Cabral de Melo Neto

Conforme vimos na fase anterior, as reivindicações do movimento estão reunidas: a) na luta pela permanência na terra; b) na negação de prestação do cambão, da condição e da sujeição; c) na exigência de indenização em caso de expulsão; d) na reação contra o aumento excessivo do foro; e) no pedido de acesso direto aos créditos oficiais; f) na extensão aos benefícios sociais aos trabalhadores. Essas condições dizem respeito à manutenção da autonomia do camponês, e seu alcance visa a que este *continue* mantendo o controle de seu processo de trabalho.

Apontamos, porém, que o adversário está mal definido na luta, na medida em que o que ameaça essa autonomia não é o "velho", o latifúndio, mas o "novo", o avanço do capital. Em outras palavras, é a crescente subordinação do trabalho e da terra ao capital que interfere na possibilidade de controle pelo camponês, de seu processo de trabalho.

Parte das reivindicações, principalmente aquelas que se referem a benefícios sociais, é coberta pela própria associação: a assistência médico-dentária, a assistência escolar e a concessão de empréstimos. Portanto, a própria organização das demandas encaminha a solução de parte dos problemas.

O principal resultado da luta é que, graças à aplicação da Lei 3.085, que defende o direito dos locatários até então só aplicada aos setores urbanos, o trabalhador passa a ter garantidos: o usufruto da terra durante o desenrolar do processo e a indenização pelas benfeitorias (casa, cercas, culturas permanentes, árvores frutíferas) que deixa em caso de expulsão.

Embora o que caracterize esse momento da mobilização seja a luta pelos direitos – o que permitiria que definíssemos o movimento como *defensivo* –, já nos fins de 1960 se esboça claramente uma mudança no objetivo da luta: esta passa a ser encaminhada em direção à reforma agrária. E é este que vai ser o caráter das "ligas" na sua expansão nacional: seu projeto é o projeto da reforma agrária.

O que marca o início dessa fase é a Declaração de Belo Horizonte, documento que não é exclusivo das "ligas", mas sim o resultado de uma discussão nacional, travada no *I Congresso dos Lavradores e Trabalhadores Agrícolas do Brasil*, em Belo Horizonte, em novembro de 1961, que reunia organizações de várias regiões do país. Nesse encontro se instala uma polêmica em torno da orientação que a Ultab, organismo que promove a reunião, dá à questão da reforma agrária e a orientação que é dada pelas "ligas". Os delegados destas, que eram apenas 215, número pequeno em relação aos participantes do Congresso (cerca de 1.600), acabam impondo seu ponto de vista – uma reforma agrária radical, contra o encaminhamento de medidas graduais –, ganhando ideologicamente o Congresso. Essa vi-

3 Expansão nacional do movimento (1961-1963)   87

tória das "ligas" se deve ao fato de haver-se instaurado uma dissidência interna no PC, que então controlava a Ultab[14].

Vale a pena relembrarmos o clima do encontro. O ano de 1961 marca um momento bastante conturbado na vida política brasileira; em agosto desse ano houve a renúncia do presidente Jânio Quadros, o que acarreta grave crise política. A posse de João Goulart, seu sucessor legal, se dá após uma série de lutas populares, que colocam em questão a defesa da legalidade institucional. No campo, essas forças populares aparecem sob a forma de organizações dotadas de bastante força em seu meio. O Congresso da Ultab se propunha a reunir essas inúmeras organizações de trabalhadores rurais para discutir os problemas da classe e elaborar um programa comum.

O fim da década de 1950 marca a existência de várias associações de trabalhadores por todo o Brasil. Embora o registro legal dos sindicatos de trabalhadores rurais só se possa fazer a partir de processo pedindo a aplicação do Decreto 7.038 de 1944, o que dificulta sua existência, já em 1956 o jornal *Terra Livre*, órgão da Ultab[15], assinala a existência de 49 sindicatos registrados oficialmente. Em 1959, num balanço realizado pela mesma Ultab, relaciona-se a existência de 122 organizações independentes, reunindo 35 mil trabalhadores rurais; e 50 sindicatos, reunindo 30 mil (Sigaud, 1979b, p. 4).

No período que vai de 1959 a 1961, vários encontros regionais, unindo os esforços dessas organizações, preparam o Congresso Nacional: em setembro de 1959, reúne-se a 1ª Conferência Nacional da Ultab, em São Paulo, discutindo a reforma agrária e os problemas da organização dos trabalhadores rurais; em agosto de 1960, realiza-se em Londrina o *1º Congresso dos Trabalhadores Rurais do Paraná*, reunião que, embora regional, teve grande repercussão em todo o país, na medida em que congregava não apenas delegados dos trabalhadores daquele Estado (em número de 307), mas repre-

---

14. A Ultab é fundada em 1954, a fim de coordenar as associações camponesas então existentes. Sua sede é em São Paulo.

15. O Jornal *Terra Livre*, no início da década de 1960, é um dos jornais de maior tiragem do Brasil – 60 mil exemplares –, o que pode dar ideia do alcance da Ultab entre os trabalhadores rurais.

sentantes da Ultab, das "ligas", profissionais liberais e políticos; em 1961, em Maringá, promove-se um dos encontros de trabalhadores rurais da maior importância no país, o *2º Congresso de Lavradores e Trabalhadores Agrícolas do Paraná*, reunindo 2 mil delegados. Nesse momento, no Paraná, ocorrem inúmeros conflitos de terras, envolvendo posseiros e grileiros, o que explica a importância das reuniões aí realizadas.

Devemos assinalar também que, ao lado das duas organizações de trabalhadores rurais mais antigas – Ultab e "ligas" –, surgem duas novas forças no panorama nacional: no Rio Grande do Sul, durante o governo de Leonel Brizola, o Movimento dos Trabalhadores sem Terra (Master), que se inicia em 1960, organizando cerca de 100 mil camponeses em mais de mil associações (Eckert, 1981). No Nordeste começa a se esboçar o movimento da Igreja pela sindicalização no campo, principalmente nas dioceses de Natal e de Recife.

A reforma agrária já é tema nacional; por isso, o Congresso de Belo Horizonte atrai a atenção de estudantes, populares e organizações de trabalhadores na indústria, além das organizações de trabalhadores rurais, mobilizando cerca de 5 mil pessoas.

Apesar das divergências internas, preferiu-se marcar a unidade do movimento camponês, resultando das discussões apenas um documento, denominado "a Declaração de Belo Horizonte". O documento marca a decisão dos trabalhadores da terra de lutar por uma reforma agrária radical, que resulte na "liquidação do monopólio da terra, exercido pelas forças retrógradas do latifúndio". Os trabalhadores estavam convencidos de que a efetivação da reforma só se daria pela "ação organizada e decidida das massas trabalhadoras do campo". O documento encaminha a urgência da transformação da estrutura agrária do país, substituindo-se o latifúndio pela propriedade camponesa em forma individual, ou associada, e pela propriedade estatal. Também exige o acesso à posse e ao uso da terra pelos que nela desejam trabalhar, à base de venda, usufruto ou aluguel a preços módicos, quanto às terras desapropriadas aos latifundiários; e a distribuição gratuita de terras devolutas.

3 Expansão nacional do movimento (1961-1963)

Além desses elementos em relação à terra, soluções para a melhoria das condições de vida e de trabalho são encaminhadas; tais como: o direito de organização dos trabalhadores, extensão da legislação trabalhista ao campo e ajuda efetiva à economia camponesa.

A indicação das medidas a serem tomadas, para que se efetive a reforma agrária, também é encaminhada: a alteração do parágrafo 16 do artigo 141 da Constituição, que estabelece indenização em dinheiro em caso de desapropriação de terras por interesse social, encaminhando a reformulação para pagamento em títulos da dívida pública, cadastramento das propriedades com área superior a 500 hectares, desapropriação das áreas inaproveitadas nas propriedades de área superior a 500 hectares; cadastramento das terras devolutas; alteração do sistema de imposto territorial que deverá incidir sobre a grande propriedade agrícola e inexistir para a pequena; organização de cooperativas; garantia de preços mínimos, transporte para os produtos, crédito para a aquisição de instrumentos, sementes, adubos e inseticidas.

Como vemos, o documento encaminha dois núcleos de problemas: aqueles que se referem à reforma agrária e os relacionados à política agrícola. Examinemos os dois itens, tentando qualificar a reforma agrária como projeto político e precisando seus limites. Cabe mostrar que tanto a reforma agrária quanto a política agrícola são resultados de um particular encaminhamento da questão agrária.

No documento são encaminhadas formas que permitam uma melhor distribuição de terras, mas formas que garantam a produtividade e que respondam aos princípios de justiça social.

> É o monopólio da terra o responsável pela baixa produtividade de nossa agricultura, pelo alto custo de vida e por todas as formas atrasadas, retrógradas e extremamente penosas de exploração semifeudal que escravizam e brutalizam milhões de camponeses sem terra.
>
> [...]
>
> A fim de superar a atual situação de subdesenvolvimento crônico, de profunda instabilidade econômica, política e social e, para deter a miséria e a fome crescentes e elevar

o baixo nível de vida do povo em geral e melhorar as insuportáveis condições de vida e de trabalho a que estão submetidas as massas camponesas, torna-se cada vez mais urgente e imperiosa a necessidade da realização de uma reforma agrária e alteração das relações sociais imperantes no campo (Julião, 1962, p. 82).

Mas a solução do problema da terra, balizada pela legalidade, não transcende o modo capitalista de produção, estando subentendida a reafirmação da relação de produção fundamental que é a exploração do trabalho assalariado. Os pedidos de legislação trabalhista adequada aos trabalhadores rurais, o de garantia de sindicalização, os de extensão de benefícios da previdência social ao campo, indicam a tácita aceitação.

De fato, a reforma agrária proposta é uma reforma agrária dentro dos limites do projeto de desenvolvimento do capitalismo. Enfatiza, é verdade, uma via de desenvolvimento que seria mais adequada aos interesses tanto do campesinato quanto do proletariado agrícola, na medida em que visa à supressão do monopólio da terra e cria as possibilidades de uma exploração agrícola em nova base.

Ao destruir os latifúndios medievais, o capitalismo *começa* por estabelecer um regime mais 'igualitário' de posse da terra, com o qual cria uma nova agricultura em grande escala baseada no trabalho assalariado, no emprego das máquinas e numa elevada técnica agrícola, e não sobre a base do pagamento em trabalho e da servidão (Lenin, 1980, p. 27).

Aqui reside a questão sobre o alcance do documento e do modo pelo qual é interpretado politicamente, problemas que se desenvolvem fora do campo de ação direta do movimento social. Nota-se na organização clara dissociação entre a liderança camponesa, muito mais ligada à solução dos problemas concretos enfrentados cotidianamente pelos componentes das "ligas", e a liderança política, mais voltada a estabelecer uma unidade do movimento camponês, de modo que este se transforme, efetivamente, numa força política de âmbito nacional.

3 Expansão nacional do movimento (1961-1963)

O documento consegue seu objetivo, que é marcar a unidade do movimento camponês e sensibilizar a população, forçando ao encaminhamento de soluções para a situação camponesa. Mas, se de fato há relativa unidade de pontos de vista quanto a essa situação, não o há quanto às soluções a serem adotadas; e essa ambiguidade aparece claramente. Primeiramente, o encaminhamento da discussão da reforma agrária e das formas de sua implantação se faz fundado sob uma abstrata ideia de igualdade, como se o igualitarismo fosse um conceito indiscutível, pairando sobre os interesses dos diferentes grupos. Mesmo internamente, para os grupos que compõem o Congresso, a ideia de igualdade assume conotações diferentes. Para um grupo – representado pela liderança da Ultab – a ideia, colocada naquela conjuntura histórica, está balizada pela própria noção burguesa de democracia, representando uma luta válida porque progressista, mas como um momento de passagem, e não como um fim em si mesmo. O outro grupo, representado pela liderança das "ligas", coloca a ideia como algo a alcançar, meta que conduziria necessariamente a uma revolução com conteúdo socializador.

Desse encaminhamento surge uma segunda ambiguidade no documento: as soluções apontadas transitam, sem qualificá-las, entre a propriedade privada da terra e a propriedade social, imaginando-as combináveis entre si. É uma coexistência "inventada" para dar conta de duas tendências, não explícitas, totalmente opostas, que estão presentes na discussão – a do Partido Comunista, representado pela Ultab e a da liderança das "ligas", representada por Julião –, posições que definem diversamente o papel do campesinato no processo de transformação da sociedade.

Exemplificam bem essa situação o artigo de Giocondo Dias (1962, p. 263-266):

> No que diz respeito ao proletariado e ao campesinato são também profundas as incompreensões manifestadas pelo deputado Francisco Julião. Acha ele que 'é possível sair para a revolução socialista com o campesinato à frente'. Acha ele que quando a luta se inicia no campo toma, imediatamente, caráter político, o que não ocorre com a classe operária,

cuja dinâmica é o aumento de salário. Partindo daí afirma que 'o campesinato desatará o processo revolucionário brasileiro e conseguirá influir para que a classe operária se associe à luta'. A que levam semelhantes teses e conclusões? Primeiro: o campesinato é a classe mais revolucionária e a sua luta (pela terra) tem desde o início um caráter político (socialista?). Segundo: a classe operária tem interesse apenas no aumento de salário e só participará na luta pelo Poder sob a influência dos camponeses. Terceiro: a 'revolução socialista' será desencadeada e dirigida pelos camponeses. Seria difícil encontrar tantos e tão sérios erros em tão poucas palavras. [...] Consideramos que são errôneas ambas as teses defendidas pelo deputado Julião: é pernicioso caracterizar-se como revolução socialista a presente etapa do processo revolucionário brasileiro e igualmente pernicioso negar-se o papel de vanguarda da classe operária.

E a declaração de Julião em reunião do Conselho Estadual da Paraíba das Ligas Camponesas (Carvalho, 1967, p. 256), ao explicar as divergências existentes entre o PC e as Ligas Camponesas, diz o seguinte:

achamos que é viável a tomada do poder através do campesinato por ser um país essencialmente agrícola. [...] Nós desejamos libertar o povo como o PC também deseja, mas, a essa altura, não é possível fazer aliança com a burguesia nem pensar em conquistar o poder político pelos caminhos pacíficos.

Observe-se que a declaração indica uma mudança das "ligas", em relação ao encaminhamento da luta na fase anterior, quando era buscada uma aliança tática com a burguesia, via utilização do Código Civil, na medida em que se considerava que

as reivindicações daquelas duas classes – a burguesia e o campesinato – são quase comuns, já que têm como base a *propriedade privada*, aspecto da infraestrutura econômica sobre a qual se ergue a superestrutura jurídica, o Código Civil (Julião, 1962, p. 59).

O que fica ressaltado na divergência é que, enquanto as "ligas" colocam a reforma agrária como centro do movimento – e com isso, hipoteticamente traduzindo, as aspirações do campesinato que

3 Expansão nacional do movimento (1961-1963)   93

luta pela terra –, o PC subordina a reforma agrária à luta anti-imperialista, na medida em que são definidas como contradições fundamentais as que se estabelecem entre a nação e o capital estrangeiro.

> Entretanto essa contradição (entre capital e trabalho) [...] não exige, *agora*, a sua superação de maneira radical. [...] Há, porém, outras contradições que exigem, *agora*, uma solução inadiável e definitiva, como uma imposição do grau de aguçamento que já atingiram. Trata-se das contradições entre a nação e o imperialismo norte-americano e seus agentes internos e entre as forças produtivas em desenvolvimento e as relações semifeudais dominantes na agricultura (Dias, 1962).

Desse modo, para o PC, o aliado do campesinato seria a burguesia nacional em busca de novos mercados no campo, aliança possível na medida em que o projeto encaminha não a eliminação da propriedade privada, mas uma política agrícola que conduza a uma desconcentração da propriedade da terra, beneficiando as propriedades de até 500 hectares, diminuindo os obstáculos à livre conversão do capital na agricultura.

É nessa linha que se pode explicar o encaminhamento da reforma agrária radical – preconizada pelas "ligas" – ou gradual – pela Ultab – como tática de luta, discussão que leva o PC a uma cisão interna, fazendo com que parte de sua liderança política, presente ao Congresso, una-se a Francisco Julião.

Mas, enquanto essa discussão faz as reivindicações se expressarem em programas, no campo as lutas estavam mais avançadas: no Paraná colonos organizam grupos armados para a defesa da terra contra a polícia e os jagunços (Rêgo, 1979); em Goiás (território de Formoso), camponeses e a polícia dos latifundiários enfrentam-se em lutas armadas (cf. Moraes, 1970, p. 460; Amado, 1981); no Nordeste, ocorrem inúmeras invasões de terras (Camargo, 1973, p. 258).

O contraprojeto do adversário

O que parece claro neste momento (1961) é que, embora a discussão sobre a reforma agrária tenha aparecido várias vezes no decorrer da mobilização, só agora adquire contornos ideológicos definidos e se encaminham métodos políticos para sua implantação. A reforma agrária radical transforma-se em princípio estratégico da luta camponesa.

Todavia, à medida que há esse amadurecimento ideológico e o discurso dos líderes se torna mais radical, as "ligas" passam a sofrer enorme repressão, repressão essa que não só se direciona para limitação de seu campo de ação, como também se orienta pela defesa de um contraprojeto dos grupos conservadores.

Já em 1959, com a desapropriação do Galileia, numa primeira conquista em direção ao núcleo da luta, começam as denúncias. Em fevereiro de 1960, aparece editorial no jornal *O Estado de S. Paulo* – "Demagogia e Extremismo" – em que é denunciada a medida como "absurda iniciativa do governo Cid Sampaio" e como "ilícito e violento golpe no princípio de propriedade". E, segundo o editorialista, a violência "acenderia a ambição dos demais campesinos assalariados, desejosos de favores idênticos". E profetizava: "o movimento ganhará novas proporções, atingindo as classes operárias das cidades, com invasão de oficinas, com o apossamento violento de fábricas, com assaltos a casas residenciais, com depredações de bancos e estabelecimentos comerciais".

Percebe-se que, na medida em que há uma radicalização do movimento por parte dos trabalhadores agrícolas, tanto no nível do discurso dos líderes como na prática política, crescem as formas de resistência a ele: no início de 1962, o Ministério da Justiça inicia, através do Coronel Carlos Cairolli, uma investigação sobre as atividades das "ligas"; em abril do mesmo ano, cria-se uma Comissão Parlamentar de Inquérito (CPI) sobre as "ligas" (composta pelos deputados federais: Carlos Gomes Barros, Clidenor Freitas, Jacob Frantz, Lima Filho e Neiva Moreira); os proprietários de terras começam a adquirir armamentos para defesa contra as invasões; inúmeros membros das "ligas" são assassinados.

Este é o caráter *defensivo* que assume a ação do adversário do movimento social; o caráter *ofensivo* começa a delinear-se em dire-

3 Expansão nacional do movimento (1961-1963)

ção da elaboração, pela burguesia, de um projeto político, de unidade nacional, sobre a questão agrária.

De fato, esse clima nacional de mobilização camponesa força uma certa unidade no seio da burguesia, que passa a definir seu projeto sobre a questão agrária em três direções, tentando dar conta do conjunto das reivindicações camponesas, articulando-as segundo seus próprios interesses:

a) a primeira, interpretando a luta pela terra como uma demanda da reforma agrária, que se consolida na declaração de Morro Alto;

b) a segunda, dando conta da luta pela melhoria das condições de trabalho, interpretada como uma demanda da extensão da legislação trabalhista ao campo, que se consolida no Estatuto do Trabalhador Rural;

c) a terceira, respondendo à exigência "terra a quem trabalha", através dos projetos de colonização e pelo cooperativismo, dos quais são exemplos a Companhia de Revenda e Colonização e a Cooperativa de Tiriri.

Obviamente, a definição da primeira é que dá direcionamento às outras duas soluções.

A reforma agrária

Vejamos como a burguesia levanta a bandeira da reforma agrária. Leonilde S. Medeiros (1979, p. 17s.) lembra que a burguesia industrial, nos seus setores mais representativos, nunca se posicionou claramente a respeito da reforma agrária, mas encaminha a discussão em torno da crise de abastecimento de alimentos e matérias-primas; da baixa produtividade face à tecnologia atrasada; do baixo padrão aquisitivo da população rural, o que se configura num obstáculo ao escoamento da produção industrial. Estes fatores constituir-se-iam num entrave ao desenvolvimento econômico (Medeiros, 1979, p. 17). Nesse sentido, a reforma agrária assumiria importante papel na ampliação do mercado interno, tanto para indústrias de bens de consumo (a que responderia ao aumento do poder aquisitivo do trabalhador rural), quanto para as de bens de produção (a que responderia ao implemento da tecnologia, considerada fundamental para o aumento da produtividade). Doutro lado, a reforma seria encaminhada de modo a resolver o problema do abastecimento das cidades, que se torna cada vez mais crítico, e da absorção dos excedentes populacionais, enquanto não se criam empregos industriais.

É, pois, a partir dessas duas ordens de pressões – de um lado, a mobilização camponesa trazendo à baila a questão da terra; de outro, a visão da "agricultura atrasada" constituindo-se num entrave ao desenvolvimento econômico – que a burguesia agrária define seu projeto de reforma agrária, sob a alegação de que a questão é menos uma questão de terras do que de técnica e de financiamento. A declaração de Morro Alto consolida esse projeto, propondo:

a) consolidação de uma estrutura de mercado em que fosse anulada, por via principalmente de cooperativas, a estrutura de mercado baseada na existência de muitos ofertantes e poucos intermediários;

b) encaminhamento de uma sólida política de preços mínimos, com cláusula de reajuste, para cobrir os efeitos da inflação;

c) elaboração de uma política de estímulo à industrialização rural;

d) condução de uma política de construção de uma ampla rede de silos e armazéns para formar estoques reguladores;

e) difusão do seguro agrícola, que daria maior segurança ao produtor;

f) estímulo à indústria de fertilizantes e tratores, de forma a garantir seu barateamento;

g) permissão de tabelamento de preços somente em situação de emergência e a título precário;

h) elaboração de planos de safras, especialmente no que se refere ao café, para infundir confiança no lavrador;

i) melhoria das condições de vida do trabalhador rural decorrente de seu esforço no sentido de melhorar sua aptidão e conhecimentos práticos;

3 Expansão nacional do movimento (1961-1963)

j) encaminhamento de programa de colonização para ocupar terras novas e públicas, levando em consideração a iniciativa privada.

Na verdade, o projeto retoma a si o objeto impalpável – a propriedade – na medida em que interpreta a ameaça à propriedade da terra como uma ameaça a toda e qualquer propriedade. É nesse sentido que no Congresso Nacional a discussão sobre a reforma agrária se polariza em torno do § 16 do artigo 141 da Constituição e a partir dessa polarização se rearticulam as alianças políticas. Em outros termos, é na luta que se define o adversário.

> Não se trata da propriedade e do poder feudal, que alinharia contra si uma burguesia florescente. Trata-se, antes de mais nada, da propriedade organicamente vinculada ao capital (não importa se produtivo ou não). Os interesses de classe a ela vinculados não se opunham irremediavelmente aos interesses da burguesia industrial (Medeiros, 1979, p. 21).

A retomada da discussão da questão agrária, via proposta de reforma agrária elaborada pelas elites dirigentes, liga-se, em grande parte, à busca de medidas para deter o avanço do movimento camponês[16]. É nesse sentido que se encaminham os projetos de extensão da legislação trabalhista ao campo e da sindicalização rural.

O Estatuto do Trabalhador Rural

As classes dominantes não podem desconhecer que o campesinato passa a se constituir como um novo personagem histórico no panorama nacional. Demonstram esse reconhecimento tanto denunciando o clima de intranquilidade no campo, quanto desenvolvendo tentativas de articulação das reivindicações daquele setor. É nesse sentido que se explicam os projetos de extensão da legislação trabalhista ao campo e sindicalização rural.

---

16. O presidente da Superintendência da Reforma Agrária (Supra), João Pinheiro Neto, resume essa preocupação: "é a última oportunidade que se apresenta às elites dirigentes para a canalização pacífica das soluções para o problema agrário através das instituições vigentes" (Pinheiro Neto, 1963, p. 7).

O encaminhamento desse projeto indica um rompimento do pacto de 1930, que obstaculiza qualquer transformação na estrutura fundiária e não concede aos trabalhadores rurais os "direitos civis" (negando-lhes os direitos de organização e proteção trabalhista, além da participação no processo político, uma vez que é vetado o voto aos analfabetos). Se esse rompimento é necessário face às pressões, é possível graças às novas configurações de forças, e, como veremos, porque os projetos não o alteram naquilo que ele tem de fundamental. É claro que, quando, na sua implantação, aqueles colocam em questão esses fundamentos, ultrapassando os limites avalizados, resta o recurso à coerção.

No campo, o fundamento da dominação do bloco industrial-agrário baseou-se na exclusão política das massas camponesas e dos trabalhadores rurais[17]. Essa exclusão era a garantia tanto do monopólio da terra, quanto dos privilégios da antiga oligarquia rural. A própria arbitrariedade legitimada dispensa a mediação do Estado nos conflitos e do aparato judiciário para sua solução. Assim, no início da década de 1950, o latifúndio permanece ainda alheio à discussão política, fora da área dos compromissos políticos entre as classes dominantes e o Estado[18].

A manutenção dessa situação de exclusão vai ser possível até o momento em que o campesinato começa a ser despojado de suas condições naturais de produção; isto é, vai persistir enquanto não se delineiam as relações de produção especificamente capitalistas[19].

Disso resulta que mesmo os trabalhadores assalariados estão à margem dos direitos sindicais, e sem acesso aos benefícios da previdência, direitos já em vigor há duas décadas entre o proleta-

---

17. Tal discussão é feita de modo pormenorizado por Fernando Antônio F. Azevedo em *Ligas Camponesas – Campesinato e Política – 1955-64*.

18. Feder chama o latifundismo de "agricultura da arbitrariedade" e a razão pela qual os camponeses latino-americanos sempre tiveram posição de negociação muito débil, cabendo aos senhores da terra a determinação exclusiva das condições de trabalho (cf. Feder, 1972, p. 111).

19. Discutindo a história política do trabalhador agrário brasileiro, Octavio Ianni mostra que a Liga Camponesa e o Sindicato Rural surgem nesse momento, isto é, "quando se dá o divórcio definitivo entre lavrador e a propriedade dos meios de produção" (Ianni, 1972, p. 192).

3 Expansão nacional do movimento (1961-1963)

riado urbano. O questionamento dessa marginalidade[20] surge no momento de ascensão dos movimentos sociais agrários, e no Nordeste, especialmente em Pernambuco, toma uma particular feição, na medida em que novas alianças políticas são celebradas,

> pela primeira vez na história política e social do Nordeste, os camponeses e trabalhadores rurais emergiram, na segunda metade da década de cinquenta, como agentes políticos autônomos e de perfil definido, num momento em que começava a se articular, em Pernambuco, uma aliança político-eleitoral, sob a direção da Frente do Recife (que congregava comunistas e socialistas) e que terminaria por deslocar, em duas eleições sucessivas (as de 1958 e 1962), o bloco agrário do governo estadual (Azevedo, 1980, p. 90).

É nesse sentido que dizemos que a aceitação da organização dos trabalhadores é indicativa do rompimento desse pacto.

Mas aqui se coloca a questão: em que medida a legislação responde às reivindicações dos trabalhadores rurais?

O Estatuto do Trabalhador Rural (ETR), Lei 4.214 de 2 de março de 1963, não ultrapassa os limites conseguidos na Consolidação das Leis do Trabalho, que no fundo implica a delimitação e o controle das condições de atuação política das classes assalariadas. A lei estabelece salário mínimo, 13º salário, férias, previdência social, embora nem todos aplicáveis num primeiro momento.

O papel político da medida fica claro nas palavras do presidente Goulart:

> A recente promulgação do Estatuto do Trabalhador Rural, produto de laboriosos estudos e debates no Congresso Nacional, assinala um dos mais importantes marcos da nossa história trabalhista. Sem desconhecer as dificuldades de ordem política a serem superadas para sua execução, estou certo de que constituirá poderoso instrumento da redenção econômica e social do homem no campo e uma das condicionantes fundamentais de uma eficaz reforma agrária. A sindicalização rural, fator básico para implantação

---

20. Celso Furtado (1964) lembra que o trabalhador do campo é quase um "não cidadão".

de legítimo e harmônico progresso social nos campos, vinha sendo permanente preocupação do governo. Só através dela poderão os trabalhadores rurais se organizar disciplinada e sistematicamente para a defesa de seus interesses. A boa organização sindical é essencial ao êxito mesmo da nova legislação trabalhista, consubstanciada no Estatuto recém-promulgado (Goulart apud Ianni, 1978, p. 97).

Completando a legislação, a 16 de junho de 1963, o Ministro do Trabalho Almino Afonso baixa a portaria 364, definindo a organização sindical dos trabalhadores rurais, e Amaury Silva, o ministro que o sucede, funda a Comissão Nacional de Sindicalização Rural (Consir).

Em momento algum quisemos sugerir que o Estatuto do Trabalhador Rural seja "doado" aos trabalhadores. Podemos, antes, dizer que as concessões são resultado de reivindicações reais, geradas por tensões e conflitos, resultantes de uma luta desenvolvida por longo tempo.

No Nordeste, principalmente na região canavieira de Pernambuco, a aplicação da legislação não se desenvolve pacificamente. Só no ano de 1963 foram registradas 48 greves (*Jornal do Comércio*, 1964) a maior parte delas exigindo a aplicação da lei. Uma série de choques envolvendo trabalhadores e proprietários foram assinalados, quase todos eles caracterizados, por estes últimos, como "invasão de propriedade". Mas a intermediação da Assessoria Sindical, órgão da Secretaria Assistente do Governo Miguel Arraes, leva esses incidentes, com poucas exceções, a soluções pacíficas (Callado, 1979, p. 116-118). A mais importante greve nesse período é a deflagrada em 18 e 19 de novembro de 1963 por 200 mil trabalhadores da cana, exigindo 80% de aumento salarial, reivindicação aliás alcançada.

A aplicação do ETR, em Pernambuco, assume uma forma especial que exige efetiva intermediação governamental. O Estatuto legisla, em termos gerais, sobre o trabalho do campo, estabelecendo um salário mínimo mensal. Mas, na lavoura da cana, o salário não

3 Expansão nacional do movimento (1961-1963)

é calculado por horas/trabalho, e sim por tarefas que variam, conforme varia o ano agrícola. Portanto, a aplicação da lei exigiu um acordo entre as partes, acordo esse presidido pelo governador Miguel Arraes, reunindo representantes dos produtores de cana e do açúcar, da Federação dos Trabalhadores Rurais, dos Sindicatos autônomos e das Ligas Camponesas. O resultado do acordo está estabelecido num documento conhecido como "Tabela das Tarefas do Campo"[21].

O Contrato Coletivo de Trabalho na Lavoura Canavieira é considerado uma grande vitória do movimento camponês e tem sido apontado como exemplo de solução pacífica dos problemas, solução possível por vias institucionais[22]; vitória ampla, na medida em que não atinge apenas os "moradores", que são assalariados permanentes, mas também os "foreiros" e pequenos proprietários, que se assalariam temporariamente no setor canavieiro principalmente na época da safra.

Se atentarmos para o significado do salário por tarefa, veremos que, despojado da aparência de que "o que é pago é o produto do trabalho", surge, claramente, o aspecto da intensificação da produção. Essa forma de assalariamento permite medir a intensidade do trabalho, reduz a necessidade de supervisão e induz o trabalhador a que prolongue a jornada de trabalho e que atue mais intensamente. Constitui-se, pois, na

> forma de salário que melhor se enquadra ao regime capitalista de produção (Marx, 1966, p. 466).

Ao se mudarem as regras do jogo, a partir de 1964, com a repressão dos movimentos dos trabalhadores rurais, o acordo é reformulado duas vezes. Ocorre uma compressão dos salários legalmente fixados: em 1965 reduz-se o tempo necessário para o cumprimento da tarefa de 8 para 6 horas, resultando numa perda, para o trabalhador, de 25% de seu salário.

---

21. O acordo é assinado em julho de 1963. A proposta na íntegra é transcrita por Callado (1979, apêndices I-V).

22. Exemplificam a situação as palavras de Miguel Arraes na introdução do trabalho de Callado (1979, p. 29) e as do próprio autor (p. 114-115).

Ainda a tarefa pode constituir-se num obstáculo ao próprio movimento de trabalhadores, na medida em que uma das formas de pressão possível é a da diminuição do ritmo da produção.

Essas colocações nos levam a relembrar que os movimentos sociais dos trabalhadores provocam uma reação por parte do adversário, que resulta no desenvolvimento daquele ramo de produção (cf. Marx, 1976, p. 130-137; 1966, p. 337, 350-351, 361), isto é, levam a um avanço do capitalismo. Doutro lado esse avanço que permite a redução do salário por produto coloca cada vez mais, para os trabalhadores, o problema da mais-valia (Marx, 1966, p. 468), o que só pode ser questionado em condições de total liberdade de mobilização social.

A organização dos trabalhadores, então legal, vai-se transformando em programa para vários patrocinadores: alguns já em cena, como o PCB (via Ultab) e as "ligas"; outros mais novos, como a Igreja, tanto através de uma ala conservadora (Círculos Operários) ou um setor mais progressista (Ação Popular). O Estado vai tentar, cada vez mais, estender seu controle sobre a organização dos trabalhadores rurais, e cria, no mesmo ano em que se regulamenta a sindicalização, a Confederação Nacional dos Trabalhadores Agrícolas (Contag) a 23 de novembro de 1963.

Colonização e cooperativismo

Os projetos de colonização que se desenvolvem e tomam corpo desde o fim da década de 1950 vão consubstanciar-se no Estatuto da Terra (ET) (Lei 4.504, de 30 de novembro de 1964), projeto que vai ser regulamentado em 1966 (Decreto n. 59.428, de 27 de novembro) e particulariza uma série de formas de acesso à propriedade. A colonização e o cooperativismo estão ligados, já que o ET define a colonização como atividade que se destina a promover o aproveitamento econômico da terra "pela sua divisão em propriedade familiar ou através de cooperativas". E o decreto de 1966 impõe certa obrigatoriedade de organização cooperativa, na medida em que encaminha esse aproveitamento "preferencialmente pela sua divisão em propriedades familiares, congregados os parceleiros

3 Expansão nacional do movimento (1961-1963)

em cooperativas ou mediante a formação de cooperativas de colonização" (Ianni, 1979, p. 57s.).

Vejamos, no Nordeste, que é a região que interessa a nosso estudo, como se realiza e se desenvolve esse projeto.

a) A Companhia de Revenda e Colonização

Com a desapropriação do Galileia, em 1959, criou-se, no governo Cid Sampaio, a Companhia de Revenda e Colonização (CRC), organização de âmbito estadual, que assume a si a orientação da distribuição dos lotes desse engenho e, mais tarde, dos engenhos desapropriados Barra e Terra Preta, também em Vitória de Santo Antão. Além do cumprimento dessa tarefa cabia-lhe

> orientar a colonização desordenada que se tentava fazer desde 1948 encaminhando os trabalhadores sem terras para as terras desapropriadas e para as terras devolutas (Andrade, 1963, p. 235).

A lei que a regulamenta é de dezembro de 1959 e determina quatro finalidades: execução direta ou indireta dos planos de colonização e revenda elaborados pelo Estado; aquisição de áreas adequadas à colonização para a venda a agricultores e instalação de núcleos coloniais; construção de barragens e açudes e demais beneficiamentos necessários ao desenvolvimento da agricultura, diretamente ou em convênio com órgãos públicos; revenda de materiais para a agricultura e pecuária.

O primeiro plano piloto da CRC propõe a instalação de 5 mil famílias de colonos distribuídas em cinco núcleos, dos quais o maior, contando com 3 mil lotes, localiza-se na chapada do Araripe, no Sertão, local onde há falta de água, os solos são pobres e que fica distante do mercado consumidor.

É interessante assinalar que os projetos de colonização já então são vistos como um dos meios de alcançar a reforma agrária, forma progressiva, sem "os riscos de tumultuar e comprometer a produção" (Lacerda de Melo apud Andrade, 1963, p. 241).

A CRC estabelece algumas condições para a outorga dos lotes: o candidato deve ser familiarizado com o trabalho agrícola, sendo a ele dedicado (o que elimina aqueles que já sofreram processo de expulsão do campo); deve provar "que seus antecedentes não induzem a considerá-lo como elemento de difícil adaptação" (critério que, sendo arbitrário, permite que sejam rejeitados os elementos mais atuantes dos movimentos sociais); deve ter prestado o serviço militar; deve ter menos de 50 anos; não deve ter deficiência física ou qualquer doença. Ora, nas regiões onde já foi feita a colonização espontânea, onde há posseiros, foreiros, onde as terras já estão ocupadas, o critério representa uma forma de repressão às próprias mobilizações que se desenvolvem.

Aliado a isso, estipula-se o tamanho dos lotes segundo um critério de produtividade que leva em consideração a região e as culturas mais interessantes em relação a ela. Disso resulta que em alguns engenhos desapropriados se leve a deslocar alguns moradores, o que provoca reação. O Galileia está nesse caso. Conforme diz Zezé da Galileia, líder do movimento das "ligas":

> Os agrônomos podem ter estudado muito, mas nós sabemos o que devemos plantar. Deixam-nos viver onde estamos vivendo. Nós só queríamos não ser explorados pelo proprietário. A terra agora é nossa. Não nos tirem daqui (Galileia, 1961).

As terras da Companhia são arrendadas aos candidatos selecionados pelo prazo de três anos, durante os quais ele deve não só cultivar o lote, como realizar benfeitorias: casa, cercas, outras instalações. Ao fim desse prazo, que funciona como teste de desempenho do colono, pode comprar o lote, pagando-o em prestações anuais. Ao adquiri-lo, o colono não paga apenas a terra, mas também as benfeitorias feitas por ele mesmo.

A emancipação da colônia dar-se-á somente quando todos os lotes estiverem pagos e os colonos tiverem condições de dirigi-la. Durante esse tempo, que em geral é de vinte anos, vai ser administrada por um funcionário da CRC.

3 Expansão nacional do movimento (1961-1963)

Os projetos de colonização, como mais tarde ficará estabelecido no Estatuto da Terra, determinam zonas específicas para o desenvolvimento dos programas: a prioridade é para as regiões críticas e de tensão social, para a ocupação de novas frentes, para a desapropriação de áreas mal aproveitadas.

Portanto, o projeto responde a específicos interesses: a contenção dos conflitos no campo e a promoção de novos empregos. Além disso, se lembrarmos que a desapropriação se faz, segundo o § 16 do art. 141 da Constituição, através de pagamento em dinheiro, percebemos que há um limite para o desenvolvimento dos projetos e que também a forma beneficia a empresa capitalista no campo, fornecendo, por essa via, capital para o desenvolvimento de seus empreendimentos.

b) A Cooperativa Agrícola de Tiriri

A Cooperativa de Tiriri responde à questão: que interesses estão em jogo naquele momento no setor agroindustrial?

A organização da cooperativa tem início através da Sudene, que organiza um grupo de camponeses pertencentes às "ligas". Os camponeses tomam as terras pertencentes a Great Western, cuja companhia ferroviária adquirira para exploração da madeira e carvão, terras essas agora abandonadas pela empresa. Trinta família invadem os 150 hectares que constituem parte do Engenho de Tiriri e passam a explorar carvão face a empecilhos referentes à qualidade da terra e impossibilidade de créditos ao desenvolvimento da lavoura. É então que a Sudene, através da mediação das "ligas", intervém financiando o grupo para possibilitar-lhe a organização da exploração agrícola. Essa intervenção resulta na organização de uma cooperativa, talvez mais para conferir ao grupo um estatuto legal do que por ouro motivo.

Nesse mesmo momento, graças à aprovação do Estatuto do Trabalhador Rural, muitas usinas enfrentam problemas para fazer face ao pagamento do 13º salário, recorrendo a empréstimos do

Banco do Brasil e do Instituto do Açúcar e do Álcool. É então que os usineiros Rui e Valter Cardoso, que possuíam o restante das terras do antigo Engenho Tiriri, pensaram arrendar essas terras, vias Sudene, à cooperativa, para plantio de cana a ser comprada exclusivamente pela sua usina.

> Foi naquele tempo das greves, que começou com a do 13º salário, que começamos a achar que a solução talvez fosse largar a terra. Cuidar da usina e largar a terra para quem produz [...] Aliás, só propus à Sudene o arrendamento de uns poucos engenhos porque a Sudene não poderia arcar com mais, devendo financiar a Cooperativa antes da primeira venda de cana a nós. Em três anos, se tudo der certo, pretendo arrendar à Cooperativa todas as terras de Santo Inácio e Salgado (Callado, 1979, p. 168-170).

As discussões que se estabeleceram no seio da Cooperativa dos Usineiros, face à medida, mostram de fato os interesses em jogo e como o projeto dá conta deles. Parte dos empresários considera o arrendamento significa o suicídio da lavoura canavieira, enquanto o argumento contrário prova que

> a Cooperativa era a melhor solução capitalista para os usineiros. Ou as usinas demitam o excesso de mão de obra agravando o perigo de comoções sociais, além de aumentar a conta das indenizações a pagar, ou guardaria esse excesso de braços, aumentando os custos de produção (Callado, 1979, p. 170s.).

A medida, liberando parte do capital destinado à produção agrícola, permite o reaparelhamento do setor industrial que só assim pode fazer face às zonas produtoras de açúcar mais avançadas, como as de São Paulo.

O contrato de alocação não só garante o fornecimento de uma quantidade mínima de cana, o que impede a diversificação do empreendimento agrícola dos camponeses, como também o combustível necessário para o processo industrial, pois a exploração da madeira, embora feita pela Cooperativa, deve assegurar o abastecimento da usina.

3 Expansão nacional do movimento (1961-1963)

O problema da mão de obra também é resolvido pelo contrato, pois exime de responsabilidade a usina, que em caso de demissões deveria indenizar os antigos empregados. O contrato estabelece obrigatoriedade para a Cooperativa de utilização dos

> serviços dos atuais moradores dos engenhos locados, mesmo daqueles que se recusarem a subscrever quotas-partes da Cooperativa.
>
> § único: A locatária assume todo o ônus da aplicação dos Estatutos do Trabalhador Rural, para com os seus quadros de pessoal (Callado, 1979, Anexo IV).

Com a breve apresentação dos três pontos principais do contra-projeto do adversário do movimento, procuramos mostrar as formas pelas quais a burguesia, já não podendo ignorar o campesinato e o trabalhador agrícola como forças políticas, tenta rearticular aos seus interesses as reivindicações desses setores da população.

Vários acontecimentos nesse momento são indicativos das tentativas da burguesia em direção à redefinição das bases de sua dominação, como a Conferência de Punta del Este, a Carta resultante e a criação da Aliança para o Progresso[23]. Isso mostra que está atenta à pressão das camadas populares e vai tentar absorver suas reivindicações, pelo menos ao nível do discurso, encaminhando também algumas reformas parciais. Há, todavia, um limite a essas "concessões". Na medida em que as reivindicações ultrapassam a zona limítrofe das reformas avalizadas, resta o recurso à coerção. É o que ocorre e podemos perceber esse processo através do crescimento da repressão em relação ao movimento camponês, repressão essa que se faz sentir tanto diretamente, via limites estabelecidos ao mesmo, quanto indiretamente, através do fortalecimento das instituições que a ele se opõem.

Esse processo resultará numa nova organização do movimento e numa tentativa de redirecionamento de seu projeto.

---

23. Essas medidas, que respondem à preocupação de alguns governos à "ameaça" representada pela revolução cubana, definem um compromisso do governo norte-americano de apoio à prática de políticas econômicas planificadas pelo Estado, que visassem ao desenvolvimento. Esse encaminhamento é redefinidor da ação das classes dominantes.

4
Desarticulação das "ligas" e elaboração de novo projeto

> Uma flauta: como
> dominá-la, cavalo
> solto, que é louco?
> Como antecipar
> a árvore de som
> de tal semente?
>
> ...
>
> Uma flauta: como prever
> suas modulações,
> cavalo solto e louco?
> Como traçar suas ondas
> antecipadamente, como faz,
> no tempo, o mar?
>
> *Anfion em Tebas* (fragmentos)
> João Cabral de Melo Neto

Pretendemos, neste capítulo, traçar, rapidamente, ocorrências internas que se desenrolam entre 1962 e 1964, e que corresponderão a um período bastante conturbado para as "ligas". Para fazer face à crise gerada por tais acontecimentos, crise essa que traz violentas alterações à mobilização, seus líderes tentam uma reestruturação e retomada do projeto do movimento.

Crise interna

A partir de 1961 (Congresso de Belo Horizonte), percebemos, quanto à mobilização de um grupo dissidente do PCB, uma transformação na organização das "ligas", com a formação de grupos e facções que vão lutar pela liderança e pelo controle da ação do movimento[24]. O primeiro momento desse fracionamento vai ocorrer ainda durante a expansão regional. Os dois maiores núcleos de "ligas" fora de Pernambuco, localizados na Paraíba – Sapé e Mari –, foram controlados pelo Comitê Estadual do PCB e, portanto, sempre estiveram à margem da influência de Julião. Essa dissidência tem como fundamento a visão diferenciada, já apontada anteriormente, entre a Ultab e as "ligas": os grupos sob a orientação daquela organização desenvolvem uma tendência de luta que se direciona às reivindicações salariais e a melhores condições de trabalho. Essa orientação tem por fundamento a visão do PCB, que busca vitórias parciais, visando ao fortalecimento do movimento camponês como um todo. Outro ponto de discordância é o da aceitação pela Ultab, e recusa pela liderança das "ligas", da subordinação tática da luta agrária à questão nacional-democrática. Um terceiro ponto de atrito – à medida que se incorpora ao movimento a ideologia da revolução cubana – é o da recusa, pela direção das "ligas", da reforma agrária proposta pelo PCB.

Desses atritos resulta que, desde 1961, rompe-se a unidade tática do movimento camponês, unidade proposta pela Ultab e buscada durante anos de trabalho de arregimentação camponesa. Com isso se inicia, também, o isolamento das "ligas".

É então que percebemos claramente três orientações divergentes no movimento camponês: de um lado, a luta pela sindicalização sob o controle do PCB; de outro, as "ligas" atuando isoladamente; e o aparecimento de um novo parceiro, a Igreja, dirigida à organização sindical. Esse fracionamento não significa, todavia, que não se celebrem alianças temporárias, em momentos de greves, campanhas e eleições sindicais. Em muitos momentos, "ligas" e Sindicatos

---

24. Tal abordagem aparece bastante discutida no trabalho de Azevedo (1980).

4 Desarticulação das "ligas" e elaboração de novo projeto

controlados pelo PCB unem-se contra a ação da Igreja no movimento camponês.

O que se percebe é que há uma transformação estrutural nas "ligas": se, nas suas origens, parte do encaminhamento da luta por via legal evolui em direção à proposta de uma luta armada. Em outros termos, no desenrolar de uma história, vão sendo reelaboradas concepções sobre a revolução brasileira e sobre o papel do campesinato nessa revolução, que acabam negando seu caráter pacífico e a viabilidade de reformas parciais, reformas essas que impediriam o confronto *direto* com o bloco industrial-agrário.

É por isso que a direção das "ligas" acaba se orientando para a formação, em várias áreas do país, de uma organização que permitiria, em certo momento, o enfrentamento armado entre as classes dominadas e as classes dominantes, passando do confronto político ao militar. Diferentes formas de interpretar tal orientação trarão cisões internas ao movimento: de um lado, um grupo formado pelos dissidentes do PCB, que organizam o campesinato e iniciam a formação dos campos de treinamento de guerrilhas; de outro, Francisco Julião, que propõe a organização de combate armado a partir das cidades (Moraes, 1970, p. 484s.). Essas cisões aparecerão claramente no Conselho Nacional das Ligas, órgão fundado após o Congresso de Belo Horizonte, para responder à expansão nacional das "ligas" que então se estendem por 13 estados. O Conselho, constituído por um representante de cada Conselho Estadual, reúne as diversas facções, que então passam a contrapor-se, tentando, cada uma delas, assumir a liderança e a direção do movimento.

Após a invasão da Baía dos Porcos, em 1961, para tentar a derrubada do governo Fidel Castro, prevalece a visão do grupo que propõe uma resistência armada a partir do campo, tomando-se, então, a resolução de antecipar essa preparação. Isso vem alterar a prática das "ligas", uma vez que os melhores quadros estaduais são deslocados, a fim de se organizarem em campos de treinamento guerrilheiro. Desse modo, a organização "legal e pacífica" dos camponeses é relegada a segundo plano.

A primeira área escolhida para a guerrilha localiza-se no nordeste de Goiás[25]. Para que se procedesse sua organização, foram, legalmente, adquiridas terras e fundada uma companhia agropecuária, devidamente registrada. Seus quadros eram formados por camponeses, estudantes secundaristas e universitários vindos de Pernambuco. Pretendia-se recrutar, também, camponeses da região, a partir de núcleos "comuns" das "ligas" e, para tal, fundou-se a Associação Goiana dos Trabalhadores do Campo.

Do ponto de vista da organização, cada dispositivo guerrilheiro possuía inteira autonomia em relação às atividades legais do movimento. Clodomir Moraes mostra que, mesmo internamente a cada núcleo militar, as tarefas, por questão de segurança do próprio grupo, eram exercidas dentro de certa margem de liberdade, e conhecidas apenas por alguns elementos dele (Moraes, 1970, p. 485). Portanto, o setor guerrilheiro tinha autonomia política e orgânica em relação à Associação legalmente registrada. Disso também resulta a formação de grupos diversos, cada qual tentando assumir a direção das "ligas".

É então que, numa tentativa de reunificação do movimento pela retomada de sua direção, Francisco Julião, que é contrário às atividades guerrilheiras, lança o Movimento Radical Tiradentes (MRT), a partir do Manifesto de Ouro Preto, lançado a 21 de abril de 1962, definido por Clodomir Moraes (ligado ao setor armado das "ligas") como:

> um movimento político capaz de agregar em torno das Ligas todos os reformistas agrários e nacionalistas do Brasil (Moraes, 1970, p. 486).

Esse manifesto, também conhecido como "Carta de Ouro Preto", após realizar um balanço sobre a situação do trabalhador do campo e da distribuição de terras no Brasil, propõe as bases para uma reforma agrária radical, retomando os pontos já propostos na Declaração de Belo Horizonte. Mas a proposta política de maior

---

25. Os principais campos são Dianópolis, Almas e Natividade, todos em Goiás.

4 Desarticulação das "ligas" e elaboração de novo projeto

alcance diz respeito às eleições da Câmara e do Senado, que se aproximam, e à campanha pelo plebiscito, visando à restituição ao presidente da República dos poderes que lhe foram retirados em agosto de 1961[26]. No texto, Julião questiona a validade das eleições como encaminhamento da questão democrática.

> E me pergunto: as eleições resolvem os problemas do povo, ou somente os da "família cristã?" Como homem de esquerda, como socialista convicto [...] confesso meu desencanto com a democracia representativa tal qual é praticada no Brasil.
>
> Não creio que a redenção de minha pátria passe pelas urnas. Nem creio que venha das elites (Julião, 1968, p. 38).

Mas o MRT não teve a capacidade de restaurar a unidade organizacional e política das "ligas"; e as dissensões tornam-se tão agudas que Julião é expulso da direção nacional, que é assumida por Clodomir Moraes[27]. Mesmo sob nova direção, tem vida curta, sendo dissolvido em outubro de 1962 (Dissolução, 1962, p. 8).

Ainda em 1962, o campo de guerrilhas de Goiás é cercado por paraquedistas e fuzileiros navais, sendo desarticulado. É o único enfrentamento armado das "ligas". Com o acontecimento, os outros grupos guerrilheiros entram em colapso.

No mesmo ano, em outubro, no Rio de Janeiro, o grupo guerrilheiro assume a direção do jornal *A Liga*, expulsando "os intelectuais que o dirigem".

Ainda em 1962, Julião está voltado à campanha política, sendo ele próprio candidato à Câmara Federal, enquanto outros líderes do movimento se colocam como pretendentes às Assembleias Estaduais. Isso desvia os esforços dos elementos participantes das "ligas", assim como parte dos recursos financeiros, o que acarreta novos descontentamentos internos à organização. Soma-se a isso a questão levantada sobre o destino do movimento, questão que traduz claramente suas tendências internas: não se constitui numa

---

26. O plebiscito realiza-se em janeiro de 1963 e devolve ao presidente aqueles poderes.

27. Ao lado de Tarzan de Castro e Carlos Montarroyo.

ambiguidade o preparo, de um lado, para um confronto armado e, de outro, o direcionamento da ação para uma campanha eleitoral, que nada mais é do que a legitimação das instituições vigentes?

A campanha, de certo modo, é um fracasso, na medida em que Julião só se elege com as "sobras eleitorais" e nenhum líder alcança votação expressiva. Isso demonstra a fraqueza das "ligas" e o isolamento político a que estava destinada pela própria esquerda brasileira (Azevedo, 1980, p. 98).

A partir de 1962, quando Goulart estimula a sindicalização no campo, numa tentativa de controlar a mobilização agrária, vamos assistir a um enfraquecimento cada vez maior das "ligas". Pela legislação, cada município só pode ter um sindicato e as cartas sindicais acabam sendo liberadas para o PCB ou para a Igreja. Isso também isola e enfraquece as "ligas", visto que poucas direções sindicais acabam em suas mãos: as de Formoso, Cabo, Goiana e Timbaúba.

Face a essa situação, em 1963, a liderança volta-se à tarefa de reestruturar o movimento. O primeiro passo vai ser o de refortalecer as "ligas" no Nordeste, para que mais tarde possam constituir-se em organização nacional.

Fernando A.F. de Azevedo lembra que nessa reorganização, na reelaboração de formas de ação, as "ligas" aproximam-se

> cada vez mais de uma concepção organizacional e política que poderíamos caracterizar como típicas e próprias de um partido agrarista radical (Azevedo, 1980, p. 105).

E, na medida em que representam vários grupos de esquerda, os quais, em diferentes ocasiões, assumem posições próprias, em relação ao plebiscito de 1963, na campanha de Arraes, por exemplo, rejeitando alianças mais amplas com outros setores, as "ligas" constituem-se

> no núcleo organizador e aglutinador de uma frente de esquerda, baseada na aliança 'operário-camponês-estudantil' que se opunha à 'Política Reformista' do PCB e às 'ilusões' de uma revolução pela 'via pacífica'. As Ligas vão se transformando, portanto, de uma associação campesina num verdadeiro núcleo partidário (Azevedo, 1980, p. 105).

Mas o processo de reorganização não é simples, pois precisa dar conta de uma situação, tanto no plano nacional como no regional, totalmente diversa daquela do surgimento da mobilização. Nesse momento, já houve, graças à aliança entre o Estado e o movimento camponês, o rompimento do *pacto agrário*, firmado entre o poder central e as oligarquias. O Estado, que, na busca de uma nova base, reabrira o sistema político à participação das classes populares, tenta reduzir essa participação, a fim de solucionar os conflitos por ela criados (Camargo, 1976, p. 23). Em Pernambuco, particularmente, a situação é difícil, pois a ação do campesinato, que nesse momento começa a invasão de terras, obriga o governo

> a definir-se entre as reivindicações camponesas (com as quais declara-se ideologicamente solidário) e a ordem institucional, que legitimamente representa e que garantirá, até o fim (Camargo, 1976, p. 39).

É então que as "ligas", face à conjuntura nacional que se altera, frente às novas configurações do jogo político regional, vendo fracassados tanto seu dispositivo militar como seu organismo político social – MRT –, conscientes da perda da hegemonia do movimento social no campo, vão tentar rearticular-se, retomando seu projeto, redefinindo seu programa e sua organização. Nessa tentativa, levanta-se um debate interno, com o objetivo de superar os pontos divergentes existentes entre as diferentes facções.

Propostas de reorganização – O novo projeto

A primeira proposta orgânica para essa reflexão é a que encaminha a ideia da unificação das forças revolucionárias para levar a termo a revolução brasileira: é a proposição de Francisco Julião, "Teses para um debate: unificar as forças revolucionárias em torno de um programa radical" (A Liga, 1963).

Calcada na Segunda Declaração de Havana, as Teses definem a revolução brasileira:

> Queremos a revolução brasileira, isto é, a mudança da estrutura política, econômica e social do país. [...] Essa revolução será feita pelas massas unidas e organizadas. As massas conscientes de seu papel histórico (Julião, 1968, p. 53s.).

E as forças em conflito:

> distinguimos claramente duas forças em nosso país: as Forças Reacionárias e as Forças Revolucionárias e Progressistas. São forças antagônicas que se polarizam na medida em que cada uma delas busca somente a defesa de seus próprios interesses (Julião, 1968, p. 51).

Definindo como núcleo das forças reacionárias o imperialismo e o latifundismo, considera-se que o povo brasileiro já se encontra preparado para assumir a decisão histórica que elimine esses dois inimigos. Mas, para levar a termo essa tarefa, ressaltam-se como necessárias a unidade e a organização das forças revolucionárias e progressistas, afastando a possibilidade de movimentos espontâneos que só retardariam a revolução (Julião, 1968, p. 53). Essa unidade far-se-á em torno de um programa comum, de um programa que encaminhe reformas radicais – a agrária, a urbana, a educacional, a industrial, a bancária, a jurídica, a das forças armadas – que propõem como ponto básico a estatização das grandes propriedades agrícolas, das grandes empresas industriais e das grandes instituições de crédito.

Para a execução desse programa, propõe Julião a fundação do Movimento Unificado da Revolução Brasileira (Murb),

> organização de caráter político-patriótico, capaz de congregar os melhores filhos de nosso povo, independentemente de sua condição social, ideológica e religiosa, que estejam dispostos a libertar o Brasil do atraso e da miséria, instaurando uma nova República, inspirada na vontade das massas (Julião, 1968, p. 60).

As teses de Julião deixam clara sua visão sobre a política nacional: visão radicalizadora, que desconhece as gradações no plano político; visão que não dá conta das alianças existentes e possíveis entre frações de classe. Revela interpretação maniqueísta do jogo político, na medida em que percebe, de modo simplista, as forças sociais polarizadas entre o reacionarismo e o revolucionarismo. Essa posição faz com que estabeleça alianças apenas conjunturais, o que aumenta o isolamento das "ligas".

4 Desarticulação das "ligas" e elaboração de novo projeto

A partir da proposição das *reformas radicais*, opõe-se à Frente Parlamentar Nacionalista, formada em 1963, por deputados e senadores acusando-a de reformista e afastada da realidade do povo brasileiro, na medida em

> que hoje em dia as massas brasileiras compreendem, pouco a pouco, que nada se pode fazer pelo bem-estar e segurança do povo, se feito à margem do socialismo (Julião, 1968, p. 49).

É, pois, o povo que se levantará e fará justiça, transmitindo seus valores à elite intelectual, cuja tarefa é conduzir as transformações das estruturas sociais segundo a vontade popular. E o povo preparado para impor essa vontade

> está em condição de varrer com as forças reacionárias e conquistar o poder, faltando-lhe apenas o instrumento adequado para levar a cabo seus objetivos (Julião, 1968, p. 53).

Esse instrumento é fornecido pela unidade em torno de um programa, unidade possível através do Murb.

Todavia, o Conselho Nacional das Ligas, embora aceite as teses sobre as reformas radicais, como orientação programática, rejeita a proposta de organização do Movimento Unificado da Revolução Brasileira, que, assim, não encontra formas de viabilização,

É então que, no debate interno, surge uma segunda proposta, a do Padre Alípio, que se dirige à mudança da estrutura orgânica e da direção do movimento, a qual é aceita. O encaminhamento é o da constituição de um organismo centralizador – As Ligas Camponesas do Brasil – substituindo o antigo Colegiado, o Conselho Nacional, que reunia organizações regionais dotadas de autonomia, tendo como suporte uma Organização de Massas (OM) e uma Organização Política (OP). É interessante examinar-se a composição de cada uma dessas organizações, composição essa que acentua a marca, anteriormente apontada, de constituição de um segmento *popular* e outro *intelectual*, no movimento.

Segundo a proposta, a organização passaria a reunir não apenas camponeses – que sem dúvida ainda representam a principal base do movimento –, mas também pescadores, mulheres, desempregados, sargentos, constituídos em "ligas" específicas: Ligas Urbanas, Ligas Femininas, Ligas de Pescadores etc.

O direcionamento da luta é dado pela bandeira principal – a reforma agrária radical, que se funda no princípio de que "a terra deve pertencer a quem nela trabalha" –, disso resultando que só podem ser sócios da organização aqueles que aceitarem esse princípio.

A organização de massa do movimento (OM) é constituída pelos membros das "ligas" específicas, membros a quem o ingresso à mobilização é franqueado, desde que seja obedecido aquele princípio.

> art. XVI: Enquanto na Organização de Massas das Ligas o ingresso é franco para os que aceitam o princípio da Reforma Agrária Radical, na organização política o ingresso depende de convite.

A organização política (OP) reúne apenas alguns elementos que apresentam qualidades políticas, ideológicas e morais que os capacitam a serem militantes políticos.

> art. XVII: Para ingressar na Organização Política das Ligas Camponesas, o convidado deverá ter demonstrado na prática:
> a) dedicação e amor à causa camponesa, à Nação e ao Povo;
> b) capacidade de trabalho na Organização de Massa;
> c) aceitar a rigorosa disciplina da organização política;
> d) condições morais apropriadas para um militante;
> e) nível político e ideológico do proletariado.

A 3 de outubro de 1963, realiza-se a Conferência de Recife, que, aceitando a proposta do Padre Alípio, organiza o movimento, unificando-o. Em janeiro de 1964, o Conselho Nacional das Ligas aprova as reformas, constituindo-se, então, não mais num colegiado, mas num organismo político. Fica, assim, marcada para julho desse ano a realização do *1º Congresso das Ligas Camponesas do Brasil*, no qual deveria ser especificado e discutido o novo programa de ação do movimento.

4 Desarticulação das "ligas" e elaboração de novo projeto

Comparando-se as duas proposições, o que parece claro é que, enquanto a proposta de Julião é a da constituição de uma frente revolucionária, a do Padre Alípio é a da organização de um partido radical. E, da simbiose das duas, resultaria um partido revolucionário, segundo moldes leninistas, cumprindo, tanto a OP quanto a OM, as características do modelo[28]. O campesinato constituir-se-ia como classe revolucionária nesse processo, cabendo-lhe o papel de atrelamento, através de sua própria luta, da luta da totalidade das classes subalternas.

É importante salientarmos o traço da retomada, primeiramente por Julião, que em certo momento se caracteriza como porta-voz do movimento, e posteriormente pela organização como um todo, através de seus diversos dirigentes, das teses populistas (narodniki), principalmente no aspecto em que estas negam como necessária a todas as sociedades a passagem por uma fase capitalista. Assim, as "ligas" propõem a coexistência da propriedade camponesa comunitária e da propriedade privada explorada empresarialmente através do assalariamento. As propriedades comunitárias, associadas a um regime de assalariamento justo, seriam as bases, inegavelmente mais "humanas" que as então vigentes, para a passagem à sociedade socialista. Seria, segundo Julião, a proposta de uma *revolução social* em oposição à *revolução política* proposta pelo PC.

Outro ponto a assinalar é o caráter assumido pelos "intelectuais" do movimento: a vanguarda política da organização constitui-se em porta-voz neutro, hipoteticamente situado acima do debate

---

28. 1. Não pode haver um movimento revolucionário sólido sem uma organização de dirigentes estável e que assegure sua continuidade; 2. quanto mais extensa seja a massa espontaneamente incorporada à luta, massa que constitui a base do movimento e que participa dele, mais premente será a necessidade de semelhante organização e mais sólida terá que ser esta (já que mais facilmente poderão os demagogos arrastar as camadas atrasadas da massa); 3. a organização deverá ser formada, fundamentalmente, por homens entregues profissionalmente às atividades revolucionárias; 4. quanto mais restrinjamos o contingente dos membros de uma organização deste tipo, até não incluir nela senão aqueles que se ocupem profissionalmente de atividades revolucionárias e que tenham já um preparo profissional na arte de lutar contra a política, mais difícil será 'caçar' esta organização; 5. maior será o número de pessoas tanto da classe operária como das demais classes da sociedade que poderão participar no movimento e colaborar ativamente nele" (Lenin, 1972, p. 197s.).

das interpretações da realidade e do encaminhamento de formas alternativas de organização social; e, por isso, capaz de traduzir, sem distorções, a maneira de pensar daqueles que são vítimas da má distribuição fundiária.

Parece-nos que a proposta desta forma de organização política está em desacordo com o princípio revolucionário anteriormente proposto.

É assim que emerge o novo projeto das "ligas": projeto que, na visão dos dirigentes do movimento, emana diretamente da realidade; projeto em que o Estado desempenha importante papel, desapropriando e distribuindo terras, garantindo a livre associação, o crédito, a aplicação da lei, a liberdade, punindo aqueles que infringem o bem comum, outorgando benefícios, presidindo a cooperação entre os trabalhadores, defendendo direitos, planejando a produção e o acesso aos bens sociais. O que o projeto não deixa claro é a forma pela qual se constituiriam as estruturas que garantiriam essa ação. Essas formas, que, certamente, surgiriam no decorrer do debate que estava programado para junho de 1964, nunca serão explicitadas. O golpe militar deflagrado em abril de 1964 impedirá tal explicitação.

Escalada da repressão

Apesar de o governo Arraes, em Pernambuco, tentar articular o movimento camponês, procurando absorver as demandas político--sociais das massas rurais, num esforço pela democratização da relação governo-povo, inúmeros obstáculos vão se opor a essa tentativa, uma vez que o alcance dessa ação está limitado pelas mudanças estruturais a serem decididas no plano nacional. Além disso, esse alcance já está limitado, por força das alianças regionais, pela defesa da legalidade.

É exatamente esse descompasso entre a possibilidade da atuação em nível local e a discussão que se trava em âmbito nacional que vai explicar a direção tomada pelos conflitos regionais.

Em Pernambuco, os conflitos que surgem a partir de 1963 podem ser reunidos em duas grandes ordens: aqueles em torno da

4 Desarticulação das "ligas" e elaboração de novo projeto

aplicação do Estatuto do Trabalhador Rural e os que dizem respeito à luta pela terra.

Diversas são as formas de pressão para obrigar a aplicação da nova lei. Primeiramente é utilizado o recurso às greves, quando se caracteriza a contravenção, uma vez que o recurso aos tribunais é difícil, pois falta ainda a regulamentação da legislação. Um balanço feito pelo *Jornal do Comércio*, de Recife (1º/1/1964), aponta a incidência de 48 greves nos engenhos e usinas, durante o ano de 1963, algumas locais, outras atingindo todo o Estado. A ação, amparada legalmente, possibilita a intermediação dos órgãos oficiais para a solução dos problemas.

Outro recurso utilizado é o da ocupação dos engenhos e usinas. Na verdade, essas ocupações são caracterizadas pelos proprietários como invasões, o que "legitimaria", por parte deles, reações violentas, praticadas em nome da "defesa de propriedade". A ação do governo, nesses casos, é a do cumprimento da lei, desalojando os trabalhadores (os "invasores"), buscando evitar ações violentas.

Em ambos os casos, a atuação do governo nessa questão será a de mediação, forma que lhe permite o controle dos movimentos sociais no campo e a transferência do conflito para o nível das negociações e celebrações de acordos. É nesse sentido que atua a Secretaria de Assistência, reativada por Arraes, com esse objetivo.

As formas de encaminhamento da luta pela terra são diferentes. Estes são conflitos não cobertos legalmente, conflitos não passíveis de transferência à mesa de negociações. Em nível nacional, a questão da terra estava sendo discutida, não havendo acordo quanto à maneira de encaminharem-se as soluções[29].

Naturalmente, o fato de o campesinato permanecer à margem das conquistas obtidas pelo movimento social agrário, conquistas essas que acabaram beneficiando apenas os assalariados rurais, faz com que esse setor se radicalize, de modo a pressionar os organismos que deveriam tomar as decisões.

---

29. De fato, uma série de táticas é utilizada para postergar tal discussão. Embora existam inúmeros projetos no Congresso, apenas um é votado – o de Bocayuva Cunha, de 19 abr. 1963, votado em 7 out. 1963 –, conforme assinala Carvalho (1979, p. 174s.).

As formas de ação utilizadas são as de tomada de terra de engenhos abandonados e terras devolutas. Caracterizam-se, então, como invasões, isto é, questionam a propriedade. Embora sejam tratadas pelo setor que se opõe ao movimento como formas idênticas, as ocupações e as tomadas de terras têm objetivos diferentes, é diferente o móvel do conflito. Em ambos os casos, as soluções governamentais são as mesmas: vigora o desalojamento, face à lei que defende a propriedade.

Apesar de o governo Arraes garantir a aplicação das leis sociais que tinham sido aprovadas em nível nacional e, de certa forma, neutralizar o aparelho repressivo, começa, na região, a formar-se um núcleo de repressão, representado pelas oligarquias tradicionais e pela burguesia agroindustrial, o que indica a reunificação do campo da oposição em âmbito local. Começam as conspirações e o afrontoso armamento dos proprietários de terras e usinas, sob a justificativa de defesa contra "invasões". Cresce cada vez mais a violência no campo, violência dirigida tanto aos Sindicatos como às "ligas", tanto aos líderes do movimento quanto aos trabalhadores agrícolas. Note-se que se invoca a quebra da legalidade para legitimar a violência.

Mas os momentos de mobilização, da parte dos trabalhadores do campo, são cada vez mais frequentes. Se entre 1954 e 1962 ocorre em Pernambuco apenas uma greve entre os trabalhadores rurais (cortadores de cana em um engenho em Goiana, em outubro de 1955), o ano de 1963 assinala a ocorrência de 48 greves, sendo duas delas gerais (em nível estadual) (Soares, 1980, p. 115-120). Mas crescem também as ações repressivas: ocorre em janeiro desse ano o assassinato de 5 camponeses na Usina Estreliana; entre agosto e setembro são assassinados Jeremias (Paulo Roberto Pinto, líder trotskista) em També, Antônio Cícero, em Bom Jardim, o delegado sindical da Usina de Caxangá. Na Paraíba, além do assassinato de João Pedro Teixeira, em Sapé, ocorrem choques, com várias mortes, ainda em Sapé e Mari.

4 Desarticulação das "ligas" e elaboração de novo projeto

Ainda nesse mesmo ano as ocorrências nos Engenhos Coqueiro e Serra, com espancamento de camponeses, só terminam "pacificamente" graças à intermediação direta de Arraes.

Realizam-se algumas prisões, sempre envolvendo líderes do movimento camponês. Uma manifestação de protesto pela morte de Jeremias e a convocação do Congresso de Camponeses em També, a 7 de setembro de 1963, reunião que, impedida pela polícia, não se realiza, provoca prisões de diversos líderes. Logo após esses acontecimentos, o delegado regional do trabalho decreta intervenção no Sindicato Rural de També.

Em outubro de 1963 é preso Júlio Santana, líder das "ligas" na região de Formoso e Serinhaém e presidente do Sindicato de Barreiros. Quando de sua prisão, há o protesto de 2 mil camponeses armados.

Em fevereiro de 1964, assinalam-se duas greves gerais dos trabalhadores rurais do Estado, culminando a última delas na greve geral progressiva de todos os trabalhadores, no início de março.

A greve geral de 31 de março, contra a ameaça golpista, é frustrada. O golpe de Estado acaba por desmobilizar a organização, prendendo seus principais líderes: Gregório Bezerra, Francisco Julião, Padre Alípio, Clodomir Moraes e Júlio Santana.

5

As Ligas Camponesas e o Estado nacional

(O sol em Pernambuco leva dois sóis,
sol de dois canos, de tiro repetido;
o primeiro dos dois, o fuzil de fogo,
incendeia a terra: tiro de inimigo).
O sol, ao aterrissar em Pernambuco,
acaba de voar dormindo o mar deserto,
dormiu porque deserto; mas ao dormir
se refaz, e pode decolar mais aceso;
assim, mais do que acender incendeia,
para rasar mais desertos no caminho;
ou rasá-los mais, até um vazio de mar
por onde ele continue a voar dormindo.

O sol em Pernambuco (fragmentos)
João Cabral de Melo Neto

A análise das Ligas Camponesas, ao longo da sua história em 1954-1964, coloca alguns problemas importantes para a compreensão da história da sociedade brasileira nessa época. E abre perspectivas para a interpretação das condições da ruptura política ocorrida em 1964. Muito da problemática agrária brasileira colocou-se de forma aberta ao longo desse movimento social. Ocorre que as "ligas" explicitaram aspectos fundamentais da sociedade brasileira na época. O caráter do Estado brasileiro sob o populismo e, em seguida, sob o militarismo tem muito a ver com a questão agrária e, em especial, o problema da cidadania do trabalhador rural.

Os membros das Ligas Camponesas não compunham uma categoria imediatamente homogênea. As diferentes condições de trabalho e vida do arrendatário, parceiro, posseiro, morador e assalariado implicavam reivindicações diversas. O debate sobre o foro, cambão e latifúndio, passando pela violência privada exercida contra o trabalhador rural, não galvanizava igualmente a todos. Mais que isso, os problemas da expropriação do trabalhador, bem como os da posse e uso da terra, colocavam-se de forma bem diversificada. Tudo isso estava sendo erodido pelo desenvolvimento intensivo das relações mercantis. Por trás do foro, cambão, latifúndio, violência privada e outras colocações mais frequentes nos discursos dos políticos, o que estava ocorrendo era a expansão do capital, da empresa capitalista, da subsunção formal e real do trabalho ao capital. A rigor, as relações de produção desenvolviam-se em forma extensa e intensa, abarcando o trabalhador e a terra, o trabalho e os meios de produção, as trocas e as relações sociais, Deus e o diabo. Entretanto, ao longo dos anos, as lideranças e organizações de cunho político--partidário propunham palavras de ordem, programas de lutas, que implicavam uma homogeneização exagerada das diferentes categorias de trabalhadores rurais e suas reivindicações. Assim é que a reforma agrária acabou por impor-se, como se fosse a reivindicação por excelência, predominante, exclusiva, única. Reforma agrária, na lei ou na marra. Nesse percurso, à medida que o movimento das "ligas" caminhava do âmbito local ao regional e, em seguida, nacional, ocorreu uma espécie de deslocamento entre o movimento social (cada vez mais político-partidário) e as condições sociais de trabalho e vida do arrendatário, parceiro, posseiro, morador e assalariado. Quando se configurou uma espécie de partido das Ligas Camponesas, as palavras de ordem apareceram distantes, estranhas, abstratas, para muitos galileus de diferentes galileias.

5 As Ligas Camponesas e o Estado nacional

Ocorre que a metamorfose do movimento social em partido político não pode realizar-se com o puro e simples abandono das reivindicações e lutas de cada um e muitos dos galileus. As peculiaridades das condições de trabalho e vida das principais categorias de trabalhadores rurais não podem ser esquecidas, ou apagadas, em nome de programas e palavras de ordem que apanham apenas o que é comum ou geral. Há um momento em que o foreiro da primeira Liga camponesa não se reconhece mais na mobilização camponesa espraiada pelo Nordeste e outras partes do Brasil. Estranha o modo e a fala dos que pretendem lutar por suas reivindicações em termos pouco reconhecíveis. Falam de foro, cambão, latifúndio, violência e outras coisas como se tudo isso fosse outra coisa. As metamorfoses do movimento social, ao longo do percurso local, regional e nacional, deixaram em segundo plano, atrás, ao lado, na beira da estrada, longe, os trabalhadores rurais, os galileus que colocaram em causa a nova fase de expansão do capital no campo. A pressa, ou a forma, de promover a transição do galileu em camponês, da massa em classe, do movimento social em partido, deixou na estrada muito das condições sociais de trabalho e vida nas quais o trabalhador rural – arrendatário, parceiro, posseiro, morador, assalariado – se reconhece primordialmente.

Assim, no seu desenvolvimento, as "ligas" mostram um crescente descolamento face ao movimento da realidade expresso pela definição do campesinato como homogêneo, pela equivocada definição tanto dos objetivos da luta quanto do adversário.

Desde as suas primeiras manifestações locais, as "ligas" recolocaram o problema do relacionamento entre o Nordeste e o Estado Nacional. Os galileus, desde a Galileia, estavam pondo em causa as formas de organização das relações de produção. As reivindicações e lutas iniciais, e muitas outras posteriores, puseram em causa o protesto camponês contra as formas mais brutais de expropriação e dominação. As Ligas Camponesas colocaram o problema da articulação entre região e nação já no momento inicial, quando se constituíram. As formas jurídico-políticas de organização das relações de produção – vigentes em outras regiões dominantes do país, principalmente no Centro-Sul – passam a ser reivindicações dos trabalhadores rurais ali. Em boa parte, as reivindicações e lutas das "ligas" implicavam a efetivação de "novas" instituições burguesas no Nordeste. Note-se que o Banco do Nordeste do Brasil, a Frente de Recife, as Ligas Camponesas e a Sudene são acontecimentos razoavelmente contemporâneos. Sob diferentes formas respondem aos desenvolvimentos da rearticulação do Nordeste no âmbito do capitalismo em expansão no país. O Estatuto do Trabalhador Rural (ETR), de 1963, também entra aí. Respondem exigências das contradições sociais (econômicas, políticas, culturais e outras) no Nordeste. Implicam a rearticulação da região no âmbito da nação, do Estado Nacional. Com uma ressalva fundamental: as Ligas Camponesas formularam uma resposta baseada nas condições de trabalho e vida do trabalhador rural. O movimento das "ligas" implicava uma proposta nova, partindo de baixo para cima. Nesse sentido, representam uma importante conquista para os trabalhadores rurais, denunciando a restrição na aplicação dos direitos de *cidadania*.

Ao mesmo tempo, as reivindicações e lutas das "ligas" puseram em questão o monolitismo do bloco agrário-industrial criado desde 1930. Esse bloco de poder constituiu-se com a exclusão do campesinato brasileiro. A questão agrária, do ponto de vista de camponeses e operários rurais, não foi enfrentada nem pela ditadura do Estado Novo nem pela democracia populista. Ao contrário, tudo se encaminhava de modo a resolver-se na cidade, para a cidade. Os operários urbanos acabam por ser incluídos no bloco de poder criado desde 1930, ainda que sob a forma da política populista. Aí se incluem a nascente burguesia industrial, as burguesias comercial e bancária, a burguesia agrária (latifundiários, empresários, negociantes de terras e outros), setores de classe média e, inclusive, setores operários urbanos (estes nos quadros da aliança PTB-PSD, sob a égide da CLT). Daí excluem-se os camponeses e operários rurais. Esse é o bloco de poder que as reivindicações das "ligas" põem em causa. Ao lutar pela alteração das condições de trabalho e vida, o arrendatário,

5 As Ligas Camponesas e o Estado nacional

parceiro, posseiro, morador e assalariado estavam – na prática – exigindo a transformação do bloco de poder. O golpe de Estado de 1964 foi uma interrupção drástica do processo de transformação do bloco de poder que se havia criado a partir de 1930. Se é verdade que o bloco de poder que passou a dominar desde 1964 já não é mais o que predominou durante a democracia populista, também é verdade que o "novo" bloco também não incluiu o campesinato brasileiro. Em 1964, o que era agrário-industrial passou a ser industrial-agrário, muito mais industrial que agrário. O Estatuto do Trabalhador Rural de 1963, e o Estatuto da Terra, de 1964, respondem muito mais a esse novo arranjo do bloco de poder: criam-se novas condições para a expansão do capitalismo no campo, ao mesmo tempo que se criam novos instrumentos de subordinação do trabalhador rural.

Em síntese, a história das Ligas Camponesas expressa alguns aspectos básicos da história social e política brasileira, na época da crise que encerra o ciclo da democracia populista e se inicia a ditadura militar. Sob vários ângulos a história das "ligas" é indispensável à compreensão do que ocorreu no Brasil em 1954-1964. Aliás, os seus ensinamentos históricos e teóricos transbordam dessa época. Primeiro, as "ligas" recolocam a questão agrária em forma totalmente nova, tão forte que põem em causa a forma do Estado. O campesinato e o proletariado agrícola rompem o elo agrário do de poder que prevalece no controle do Estado brasileiro desde 1930. Segundo, a emergência das "ligas" e os seus desenvolvimentos subsequentes, em âmbito regional e nacional, mostram como se efetivam as articulações entre o movimento social, expresso pelas "ligas", e os partidos políticos, tais como o PTB, PCB e outros, além da Igreja. Terceiro, a história das "ligas" abre, em forma surpreendente, a questão da revolução de base operário-camponesa. Sob diferentes aspectos, os desenvolvimentos das "ligas" colocam, em termos às vezes surpreendentes, algumas das condições básicas da revolução socialista no Brasil. Aliás, o golpe de Estado de 31 de março de 1964 reage também à conjuntura pré-revolucionária que se esboçava nessas lutas.

Posfácio
Capitalismo, terra e cidadania:
uma conversa com Elide Rugai Bastos

Afirmar que Elide Rugai Bastos é uma das mais renomadas e influentes sociólogas de nosso país é um truísmo. Sua contribuição para a sociologia no Brasil vem sendo sistematicamente reconhecida, como denotam alguns dos prêmios com os quais foi agraciada. Entre as honrarias, destacam-se o Prêmio Anpocs de Excelência Acadêmica "Antônio Flávio Pierucci", recebido em 2017; e o Prêmio de Reconhecimento Acadêmico "Zeferino Vaz", conferido em 2007, pela Universidade Estadual de Campinas (Unicamp), instituição na qual a socióloga consolidou sua carreira intelectual.

Além de ser uma referência incontornável nos estudos sobre Gilberto Freyre, figura fundamental para a compreensão da sociologia brasileira, Elide Rugai Bastos também deixou uma marca significativa na análise de temas relacionados ao capitalismo, à terra, à ação coletiva e à cidadania. Esse enfoque é especialmente evidente em seu livro *As Ligas Camponesas* no qual aprofunda o entendimento sobre as dinâmicas de luta e organização no meio rural.

Sua importância no campo da sociologia rural é inegável, e o livro que o(a) leitor(a) tem em mãos, fruto da dissertação de mestrado de Elide, é um exemplo claro de sua capacidade de articular questões complexas sobre a relação entre economia, território e mobilização social. O trabalho de Elide Rugai Bastos continua a inspirar e a informar gerações de estudiosas(os) e pesquisadoras(es) que buscam compreender as intrincadas relações entre estrutura agrária e transformação social no Brasil.

Nesta entrevista, Elide Rugai Bastos localiza seu interesse em estudar as Ligas Camponesas o sindicalismo rural e o debate sobre a reforma agrária, situando-os dentro do quadro mais amplo de sua formação e de suas pesquisas na área de "pensamento social brasileiro". Discute ainda a importância de sua interlocução com o sociólogo francês Alain Touraine, cujas formulações sobre a categoria "movimentos sociais" colocam o conflito no centro do debate, desempenhando papel decisivo em sua pesquisa. A análise de Elide Rugai Bastos a respeito das Ligas Camponesas enseja, conforme ela mesma discute, consistente reflexão sobre a historicidade do processo de constituição da cidadania no Brasil, desestabilizando a linearidade muitas vezes assumida por esquemas eurocentrados, como o clássico modelo proposto por Thomas Humphrey Marshall. A autora também destaca as dificuldades encontradas ao realizar sua pesquisa durante a ditadura civil-militar (1964-1985), quando a repressão exerceu papel marcadamente limitante; o que, por outro lado, cumpre ressaltar, não inviabilizou a notória qualidade e capacidade de interpelação de suas formulações.

As Ligas Camponesas emerge como um trabalho de extrema relevância, que, a partir da análise de um contexto periférico no capitalismo global, oferece elementos fundamentais para pensar não apenas a questão da ação coletiva no Brasil, como permite também interpelar a teoria sociológica em um sentido mais amplo, sobretudo no que se refere ao estudo sobre os movimentos sociais, destacando a especificidade do caso brasileiro e a relação entre a ação coletiva e a efetivação dos direitos de cidadania. Como discutido pela autora na entrevista, lidar com o tema da ação coletiva possibilita uma problematização mais ampla em relação ao modo pelo qual os direitos de cidadania vinham sendo implementados no Brasil. Ou seja, seu livro tem ampla capacidade de interpelação teórica para pensarmos o tema da ação coletiva, contribuindo para debates tanto na teoria social produzida na periferia quanto no centro do capitalismo, ao mesmo tempo que ilumina aspectos cruciais para a consolidação dos princípios fundantes da cidadania em nosso país.

(1) A senhora tem uma importante trajetória de pesquisas sobre o Nordeste, na qual sobressaem trabalhos sobre as Ligas Camponesas Gilberto Freyre e Antônio Pedro de Figueiredo. Para iniciarmos a conversa, conte-nos um pouco sobre essa trajetória de pesquisas.

Livros de autores denominados regionalistas, tais como Graciliano Ramos, Rachel de Queiroz, José Lins do Rego, lidos durante os cursos fundamental e médio, chamaram minha atenção para a situação da população pobre do Nordeste. As secas sucessivas dos anos 1950, noticiadas pelos jornais, reforçaram a visão sobre o problema. No entanto, foram as situações e debates sobre a seca de 1958 que representaram um alerta sobre a importância do problema e a responsabilidade nacional sobre a questão. Eu frequentava o curso de filosofia, mas, nesse momento, percebi a importância das discussões da sociologia para a dimensão ampla do problema.

Muitos dos retirantes expulsos pela seca vieram para São Paulo depois de longa viagem na carroceria de caminhões chamados "pau de arara", denominação que depois se estendeu, com sentido pejorativo, aos retirantes. Logo à chegada foram "despejados" nas estações de trem, em especial na da Linha Sorocabana. A clara intenção da prefeitura era despachá-los para as cidades do interior do estado, que, em geral, aos poucos os mandava de volta à capital. Disso resultou que se instalassem em favelas na periferia, que foram vistas como um grande entrave à qualidade de vida da cidade, resultando que houvesse forte preconceito da população em relação aos grupos que chamavam pejorativamente de "nordestinos".

Assim, de um lado, o tema "qualidade urbana" começou a ser discutido. De outro, a situação dos trabalhadores rurais, principalmente acionada pelos movimentos sociais, que levantavam o problema do sindicalismo rural, legislação trabalhista no campo e reforma agrária, que explicavam a migração Nordeste/Sudeste, ganhou amplo debate. Face a isso, o tema das mobilizações dos trabalhadores rurais levou-me ao projeto que fundamentou minha dissertação de mestrado: as Ligas Camponesas

Pesquisar sobre o tema, buscando documentos e tentando fazer entrevistas no período da ditadura de 1964-1985, foi bem limitante. No entanto, permitiu que eu percebesse as diferentes representações sobre o Nordeste que atravessavam não só a bibliografia, como marcavam opiniões, atitudes e encaminhamentos político-sociais. A emergência de posições desfavoráveis em relação ao surgimento de novos atores políticos e novas lideranças que colocavam em questão a concentração da propriedade da terra pareceu-me de importância fundamental para a guinada antidemocrática de 1964.

Ao me dar conta da relação que se estabelecia entre comportamentos e interpretações sobre o país, percebi como, embora geralmente estudado independentemente de seus efeitos políticos, os textos do pensamento social voltados às visões sobre a sociedade brasileira operavam como forças sociais. Imediatamente, relacionei esse ponto de vista com as representações sobre o Nordeste com as quais entrei em contato na pesquisa sobre as Ligas Camponesas e o sindicalismo rural. Com a ajuda de Octavio Ianni, meu orientador, e Florestan Fernandes, professor do curso de doutorado que frequentei na PUC-SP [Pontifícia Universidade Católica de São Paulo], pude eleger Gilberto Freyre como tema central dessa reflexão. O conjunto de sua obra, que se estendia desde os anos de 1920 e início de 1980, constituiu-se na base de uma visão de mundo, extensiva à maioria da população do país, que apoiava a crença de ser a sociedade brasileira uma democracia social, embora conhecesse períodos de ditadura: refiro-me ao de 1930-1945 e ao de 1964-1985.

A pesquisa sobre Antônio Pedro de Figueiredo, compreendendo o estudo do periódico *O progresso* (1846-1848), tem a ver com a crítica que faço à interpretação de Gilberto Freyre sobre os movimentos sociais pernambucanos do século XIX, liderados por grupos que o autor identificava na terminologia da época por "mulatos", formulada no livro *Nordeste* (1937). Freyre se refere a eles como revoltas de caráter psicossocial geradas pelo inconformismo dos pardos que se revoltavam por não terem um lugar claramente definido na sociedade brasileira, marcada pela polarização negros e brancos. Considera, nesse texto, Antônio Pedro de Figueiredo como exceção, um estudioso, tradutor de obras francesas, professor, sem considerar o papel de suas ideias como base para a Revolução Praieira. Não leva em conta o papel político daqueles escritos, nos quais a questão da desigualdade e os privilégios resultantes do latifúndio geram propostas de medidas e taxas que fundariam a redistribuição da propriedade. Sabemos que, infelizmente, foi uma aspiração reformista frustrada e que resultou em desdobramentos que vemos até o momento contemporâneo.

(2) Poderia nos falar mais a respeito de seu trabalho sobre as Ligas Camponesas

Já indiquei anteriormente como o debate sobre a questão agrária me orientou na direção do estudo dos movimentos sociais rurais. Assim, no mestrado, que realizei no Departamento de Ciência Política da FFLCH/USP [Faculdade de Filosofia, Letras e Ciências Humanas da Universidade de São Paulo], voltei a pensar nas mobilizações sobre a situação dos trabalhadores agrícolas no Nordeste, que propuseram as ações mais representativas sobre a legislação do trabalho rural, a sindicalização e a reforma agrária. Fiz um trabalho mais bibliográfico e documental, contando com poucas entrevistas porque, em meados dos anos de 1970, os atores dessas mobilizações eram prisioneiros políticos, refugiados ou, ainda, foram assassinados. Consultei cartas, boletins das ligas, declarações da Ultab (União dos Lavradores e Trabalhadores Agrícolas do Brasil), artigos de jornais, relatos esparsos, inquéritos policiais-militares publicados pela Biblioteca do Exército. Conversei com Francisco Julião, importante liderança das ligas, que não permitiu que gravasse a entrevista, mas forneceu informações preciosas. As publicações tanto da Ultab – *Terra Livre* – como a das Ligas Camponesas – *Liga* – foram de acesso difícil e fragmentado. Mais ainda, as atas das reuniões do movimento só puderam ser utilizadas por estarem transcritas em 1967 pelo coronel Ferdinando de Andrade no inquérito policial militar *O Comunismo no Brasil*, dado que expressa bem o peso da repressão no período.

Diante do material restrito, a dissertação é bem mais descritiva do que poderia ser. No entanto, procurei mostrar como as forças político-sociais reagiram diferentemente diante da reivindicação pela legislação do trabalho e daquela que punha em questão a concentração de terra. Tentarei resumir o argumento. O fato de grande parte do Nordeste agrícola ocupado pela monocultura canavieira empregar moradores, posseiros e meeiros, trabalhadores que não recebiam salário monetário mensal, passou a ser visto como um entrave à expansão econômica, um obstáculo à modernização. Ora, a partir de 1956, a proposta de desenvolvimento era prioritariamente industrialista, por isso interessava a mudança da lei de trabalho que permitiria a criação de um mercado consumidor com novas características. Assim, embora recusada pelos proprietários de terras com perfil tradicional, grande parte dos setores ligados à indústria e ao comércio, obviamente com interesses mais amplos, compreendia as vantagens da medida. Mais ainda, a partir de 1959, Cuba havia sido retirada do mercado internacional controlado e as cotas de exportação da cana-de-açúcar foram redistribuídas, aumentando as possibilidades de produção do Brasil nessa área. Empresários e políticos de São Paulo, estado também produtor de açúcar, viram possibilidades de vantagens de várias ordens nesse quadro. Nessa direção há forte apoio dos jornais para a legislação de trabalho estendida aos trabalhadores rurais. Naturalmente, a promulgação do Estatuto do Trabalhador Rural (ETR) ao campo levou à expulsão de colonos e moradores, cuja remuneração era calculada por tarefas. Foram rapidamente substituídos pelo "boia-fria".

Quanto à reivindicação voltada à denúncia da forte concentração da terra, há uma evidente recusa de grande parte da população e de vários grupos de direita em relação à reforma agrária. Há campanhas bastante expressivas nessa direção, entre as quais destaco a do grupo católico tradicionalista TFP (Tradição Família e Propriedade), que atuará no apoio ao golpe militar de 1964. Mesmo a simples desapropriação do engenho da Galileia (NE: engenho de fogo morto localizado em Vitória de Santo Antão/PE) foi mal recebida, alguns jornais afirmando que se tratava de um primeiro passo para "a ocupação de nossos quintais".

O duplo objetivo colocado pelos movimentos sociais encontrou opositores divididos. O apoio das forças políticas externas à mobilização foi controverso e levou a tensão ao próprio seio dos movimentos sociais. O desentendimento em relação às estratégias para alcançar a reforma agrária provocou debate e posterior divisão entre as Ligas Camponesas e a Ultab (fundada e dirigida pelo Partido Comunista) no Congresso dos Lavradores e Trabalhadores Rurais, ocorrido em Belo Horizonte em 1961. Essa desunião pode ser vista como um dos elementos importantes, ao lado de outros, para o de enfraquecimento da unidade dos setores reformistas diante das artimanhas que embasaram o golpe de 1964, que reprimiu fortemente os movimentos sociais, prendendo seus líderes e proibindo reuniões, embora agisse na direção da aplicação da legislação do trabalho rural, aprovada em 1963. Reconheço que o quadro é muito mais amplo e me limitei a visualizar apenas parte do processo, estudando prioritariamente o desenvolvimento do movimento das Ligas Camponesas em Pernambuco com poucas incursões nas outras regiões. Como ressaltei, o contato com os membros dessas mobilizações era fortemente limitado pela repressão oficial. Mais tarde, com a abertura democrática, pude entrevistar Pedro Renaux, fundador, em 1946, da Liga Camponesa de Iputinga, e conversar com Elizabeth Teixeira, liderança do movimento na Paraíba, que prestaram depoimentos públicos ao Arquivo Edgard Leuenroth, da Unicamp.

(3) No livro, a senhora estabelece diálogo importante com Alain Touraine, referência incontornável na literatura sobre movimentos sociais. Como a senhora pensa seu livro _As Ligas Camponesas_ no quadro mais amplo do debate sobre a ação coletiva?

No período em que cursei a pós-graduação na FFLCH-USP, pude frequentar curso ministrado por Alain Touraine, ali professor visitante. O sociólogo francês abordava o processo de constituição da sociedade a partir da argumentação contida em seu livro _Production de la société_ (1973), cuja tese central afirma que essa edificação se dá no quadro das tensões entre o ator social e o sistema. A ação social está balizada por essa tensão, por isso o conceito de *conflito* é central para a reflexão e os movimentos sociais constituem-se em temática importante para dar conta desse processo. A definição do alcance dos conflitos pelas mobilizações mostra o caráter assumido pela ação coletiva – organizacional, institucional ou histórico (este com mais amplo alcance político). Desculpem-me pela simplificação que faço de uma reflexão muito sofisticada.

O professor Touraine mostrou-se disponível para conversar com os alunos e pude usufruir do privilégio de discutir minha pesquisa e ter um de meus textos, sobre a teoria dos movimentos sociais, comentado por ele. Sobre este último, fez observações a respeito das várias análises que enfocam os movimentos sociais no Brasil, apontando seu alcance e seus limites. Tal situação foi fundamental para o encaminhamento de minha análise sobre as mobilizações rurais do Nordeste. No estudo das bases da Liga da Galileia, apliquei a caracterização desse sociólogo – identidade, oposição e totalidade – para averiguar o lugar desses trabalhadores no desenvolvimento importante do movimento ao atingir extensão nacional. As entrevistas que pude realizar com remanescentes dessas famílias permitiram que pudesse perceber a avaliação das condições de existência social vivenciadas no período e seu papel na constituição da visão coletiva de sua identidade. Embora sendo a propriedade concentrada da terra um dado dessa vivência, a partir das dificuldades para o pagamento do foro, a visão mais ampla sobre o opositor – o latifúndio – só ganha corpo com a participação de Francisco Julião e o apoio da mídia, portanto, alterando o estatuto da mobilização que ascende ao nível institucional. Já a visão de totalidade é mais complexa e a ação dos diversos movimentos do período – Ultab, Master, Ligas, Bispos do Nordeste – mostra que se encaminham por vias diversas, optando, no Congresso de Belo Horizonte, por itinerários desencontrados, sem a clara percepção do poder das forças político-sociais que se explicitaram no golpe de 1964. Em relação às possibilidades de as bases da mobilização da Galileia se alçarem a esse plano, quis apontar como a visão que os foreiros têm de seu trabalho, inúmeras vezes apontado como autônomo, se coloca como limite para perceber a articulação do conjunto do denominado campesinato no plano político e na definição de uma agenda de intervenção.

Quero lembrar, ainda, como a sociabilidade que se criou nas universidades de várias regiões, uma vez que a ditadura limitou a possibilidade de associação, foi importante para a reflexão sobre a questão agrária e o consequente espaço para a ação política. Na FFLCH-USP, pude participar de grupos de trabalho com pós-graduandos dos departamentos de sociologia e de política. Reuníamos para leitura de textos, troca de informações sobre nossas pesquisas e debates a respeito da situação política; são colegas com os quais mantenho ainda produtivo diálogo – Leonilde Servolo de Medeiros, Maria Rita Garcia Loureiro, Rubem Murilo Leão Rêgo, Walquíria Leão Rego, José Vicente Tavares dos Santos. Mais à frente esse debate ampliou-se, através do PIPSA coordenado por Leonilde, a pesquisadores do Museu Nacional, da Universidade Federal Rural do Rio de Janeiro, Unesp [Universidade Estadual Paulista] de Araraquara e de Botucatu, Unicamp, além daqueles da PUC-SP, à qual estava ligada como docente. Ainda, a participação no projeto do CEDEC [Centro de Estudos de Cultura Contemporânea] sobre os conflitos de terra nas várias regiões do país.

(4) Levando em consideração ainda o debate sobre movimentos sociais, quais seriam as linhas de continuidade e descontinuidade entre o movimento precursor das Ligas Camponesas e o Movimento dos Trabalhadores Rurais Sem Terra (MST)?

Essa é uma questão fundamental para pensarmos sobre o papel das mudanças experimentadas pela sociedade brasileira nas últimas décadas do século XX, primeiras do século XXI e a agência dos setores populares. Quando analisamos um movimento social, conforme indiquei ao falar das propostas de Alain Touraine, um dos elementos básicos a serem levados em conta é o contexto histórico de sua inserção. Em outros termos, a agência mobilizadora expressa a tensão em relação ao sistema, além de fazer com que se definam mais claramente as forças sociais, políticas e econômicas em oposição. No quadro da emergência da Liga da Galileia e sua expansão regional e nacional, vários fatores compõem esse cenário: as sucessivas secas e o deslocamento dos retirantes, a discussão sobre a fome e a desnutrição, o programa de metas do governo Juscelino Kubitschek, o projeto desenvolvimentista supondo a necessidade de expansão do mercado consumidor, a ausência de salário monetário mensal aos trabalhadores rurais, a denúncia sobre o entrave representado pelo latifúndio, a emergência do movimento dos bispos pela salvação do Nordeste, a organização da Sudene [Superintendência do Desenvolvimento do Nordeste], a expansão das fronteiras econômicas, o avanço da industrialização, a proposta de modernização. Esses fatores, entre outros, definiram o sentido dos movimentos sociais, nos quais figuraram as Ligas Camponesas e o alcance e os limites à ação dessas mobilizações. Como indiquei anteriormente, a recusa de vários setores político-econômicos operou na direção de obstaculizar a agência em relação a uma reforma agrária radical, representada e operacionalizada pelo golpe de 1964.

Nos 21 anos que se seguiram, o projeto modernizador operou "pelo alto", via autoritarismo e forte repressão, anulando o papel dos novos atores sociais que emergiram a partir dos anos de 1950 e início de 1960. No entanto, a promulgação em 1963 do ETR, com o estabelecimento do salário mensal e a permissão de sindicalização rural, embora controlada e centralizada, levou a que se ampliasse o mercado consumidor com inserção daqueles setores antes excluídos, embora sem uma incorporação total. Além disso, a aplicação do novo estatuto definindo direitos levou à politização dos trabalhadores rurais, que denunciaram a destituição dos posseiros na Amazônia e lutaram pela legislação do trabalho temporário. Pesquisas ligadas à universidade mostraram a precariedade da situação dos boias-frias, bem como os assassinatos da população trabalhadora tradicionalmente localizada nas áreas de fronteira econômica. Ressalto os trabalhos de Maria Conceição D'Incao e Neide Esterci.

Tais ocorrências, ao lado das lutas pela redemocratização, operaram na direção da preservação da memória dos movimentos sociais dos anos de 1950/1960, permitindo um balanço sobre a situação do mundo agrário que se mostrou importante no debate da constituinte. Porém, a reforma agrária permaneceu uma espécie de tabu.

A dinâmica da sociedade se fez presente nas mudanças decorrentes daqueles fatores que apontei anteriormente. Desse modo, os trabalhadores rurais perceberam que as últimas décadas lhes trouxeram uma nova situação. É nesse processo que se insere o MST, que, sem dúvida, mostra os efeitos dessas transformações, dando continuidade a aspirações presentes nas mobilizações passadas, mas com clara adequação ao presente. Primeiramente, a reivindicação pelo acesso à terra continuou central, mas não limitou as aspirações que avançaram para o plano político, ou mais, de representação política: a participação na definição da política agrária passa a ser fundamental com a demanda de atuação na definição dessa agenda. O direito a créditos, a condições que proporcionem melhor vivência social – acesso à saúde, educação, habitação, transporte, mercado – fazem parte desse quadro. A busca de representação política via sindicatos e partidos (nos últimos anos houve um aumento de adesão aos sindicatos rurais graças à entrada dos pequenos proprietários), a organização em associações e/ou cooperativas, a defesa da preservação ambiental e dos territórios indígenas, indicam o novo lugar ocupado por essa mobilização, que se apresenta com características diversas nas diferentes regiões. O movimento pela concentração de terras está ainda em curso, em especial com a pecuária, vide queimadas no Planalto Central e na Amazônia. Por essa razão, o caminho aberto à atuação do MST é amplo.

(5) Relendo seu livro percebe-se, talvez mais claramente hoje, como ele se inscreve no debate sobre as especificidades da constituição da cidadania no Brasil. Como a senhora vê a questão?

Lembro que as diferentes mobilizações sociais expressam visões de mundo, valores, ideias e sugestões sobre intervenção social e política. Isaiah Berlin, lembrando o prelúdio da revolução francesa, citando Heine, mostra que o poeta alemão alerta os franceses para não subestimarem a força dos valores e das ideias, pois estes, mesmo se elaborados na quietude de um gabinete, poderiam destruir uma civilização. Essa tese consiste num dos centros da reflexão de Berlin em vários de seus livros. Um dos elementos importantes para o qual chama a atenção em sua reflexão é aquele em que mostra como as ideias e sua divulgação podem gerar ou neutralizar os movimentos que propõem a transformação social. Em *Ideias políticas na era romântica: ascensão e influência no pensamento moderno*, mostra como esse processo se desenrola de modo aparentemente natural; visões de mundo, valores, ideias se expressam em vários espaços da vida, nos quais as mobilizações culturais atuam fortemente. De modo nem sempre explícito fazem parte desse quadro não apenas temas, problemas e conceitos, mas também onde, como e por quem são formulados. Em outras palavras, paulatinamente os dilemas sociais acabam por emergir e consolidar-se na consciência social dos grupos; as visões de mundo são construídas no tempo e no espaço, não havendo uma escala de derivação, ou um fenômeno de evolução as unindo.

Sabemos que as mudanças sociais, culturais, políticas ou econômicas seguem um processo que expressa acumulação de experiências, de idas e vindas, de questionamentos, de debates, de criações, de momentos que se superpõem ou de saltos inusitados que não podem ser vistos de forma linear. Esse é o caso dos anos de 1950, que vários analistas apontam como uma das décadas *mais inteligentes* vivenciadas pela sociedade brasileira.

É certo que as transformações em curso no mundo com o fim da Segunda Guerra Mundial abriram o espaço para a reflexão sobre a precariedade das condições de vida de grande parte das populações, principalmente dos denominados países subdesenvolvidos. O período é marcado por mudanças de grande amplitude, uma vez que as novas tecnologias permitiram a participação maior da população. O avanço das comunicações, em especial da televisão, traz aproximações entre culturas; no Brasil, a TV Tupi, primeira

Posfácio – Karim Helayel • Rennan Pimentel

emissora de televisão, inicia suas transmissões em setembro de 1950. Em 1947 é inaugurado o Museu de Arte de São Paulo, que viria a ser um importante centro de incremento e difusão das artes plásticas no país, apoiando a realização, em 1951, da Primeira Bienal de São Paulo.

Quando me refiro a avanços tecnológicos amplos lembro que nesse decênio foi apresentado, em 1954, o cérebro eletrônico, mais tarde popularizado como computador; o rádio portátil transistorizado, em 1955, que no Brasil, naquele momento com limitada rede elétrica, teve papel importante na difusão de notícias; conhecem-se os avanços das pesquisas espaciais. A Igreja Católica, com a eleição do Papa João XXIII, assumiu um projeto moderno que superou as visões tradicionais anteriores e elegeu a questão social como ponto de reflexão doutrinária.

Esse quadro, que apresentei de modo muito geral, permitiu a discussão da exclusão de vastos setores populacionais no mundo e a colocação sobre o acesso aos direitos. No Brasil, como já indiquei, o caso concreto da marginalização da população campesina em relação aos direitos de trabalho operou como acelerador da discussão que se ampliou à denúncia da concentração da terra nesse processo. Ou seja, a delação da prestação de trabalho gratuito, *o cambão*, do pagamento do *foro*, do controle do latifundiário sobre a moradia e as condições de vida atinge uma esfera mais alargada, *a política fundiária*. Se lembrarmos que a discussão teórica de Marshall, por exemplo, sobre a conquista da cidadania estabelece etapas nesse alcance, podemos perceber que as mobilizações rurais no Nordeste atropelam esse processo, colocando os direitos como um todo no debate nacional. Sem dúvida um grande avanço político, que mobiliza os direitos de ir e vir, a regulação do trabalho, a participação política via sindicato, o acesso aos benefícios sociais, a explicitação da exclusão.

Sem dúvida, trata-se de um momento em que a questão da cidadania se propõe nas várias dimensões – social, econômica, política, cultural –, mostrando que emergem novos atores no processo de mudança modernizadora no país. Essa possível ampliação da participação política assusta os setores dominantes que operam, com o golpe de 1964, na preservação do controle sobre a modernização.

(6) O problema da estrutura fundiária no Brasil, calcada no latifúndio e na monocultura, foi tratado em diversas interpretações do Brasil; nem todas, porém, tematizaram a questão da reforma agrária. Entre as que tematizaram, podemos observar visões muito plurais. Como a senhora vê essa questão no pensamento social?

A concentração de terras no Brasil, desde sempre – na Colônia, no Império, na República –, é um fato que não pode ser negado por nenhum autor. A colonização centrada na atribuição de sesmarias partia desse princípio. Mesmo depois de 1822, com o Estado Nacional, passaram-se 28 anos sem uma legislação sobre as terras. Somente em 1843 iniciaram-se as discussões parlamentares sobre a questão, com prevalência das posições que apoiavam a grande propriedade e desaprovavam o que chamavam "fragmentação das terras". A Lei de Terras aprovada em 1850 foi determinante para a concentração fundiária, pois dificultava, a partir de taxas e regras sobre a posse, o acesso de escravizados alforriados e imigrantes à propriedade agrícola.

Mesmo nesse período, apesar das restrições, esse debate, como indiquei anteriormente, estava presente nos escritos de Antônio Pedro de Figueiredo, no jornal *O Progresso* (1846-1848), que denunciava a desigualdade e os privilégios advindos do latifúndio e propunha a instauração de impostos crescentes em função da extensão da propriedade.

Oliveira Viana, em *Populações meridionais do Brasil*, publicado em 1920, ao formular uma saída para a polaridade das forças sociais e políticas no país, organizadas entre clãs e plebe, aponta que essa simplificação da estrutura da sociedade se devia à inexistência de uma classe média fundada na pequena propriedade rural. Embora não propusesse um projeto de reforma agrária, faz críticas pertinentes à cultura extensiva e à grande propriedade. Gilberto

Freyre, como exemplo da pergunta que me fazem, está entre os autores que, em sua obra – em especial em *Casa-Grande & Senzala* e *Nordeste* –, não tematizam a reforma agrária, embora ele apresente algumas críticas importantes à monocultura canavieira, processo que seria a causa da subnutrição da população pobre no Nordeste. Já Nestor Duarte, em seu livro *Reforma agrária*, de 1953, considera fundamentais dois pontos centrais para sua realização: distribuição de terras e dedicação forte à policultura.

Vários autores que estudam a formação econômica do Brasil mostram em suas pesquisas os efeitos sociais e políticos da concentração de terras. Exemplifico com alguns deles. Caio Prado Júnior, em *Formação do Brasil contemporâneo* (1942) e *História econômica do Brasil* (1945), já apontara a importância da concentração de terras para o estabelecimento da estrutura social do país. Vários de seus artigos dos anos de 1960 reportam especificamente a esse tema debatido largamente naquele momento e foram reunidos no livro *Questão agrária no Brasil* (1979). Alberto Passos Guimarães, em *Quatro séculos de latifúndio* (1963), trata dos efeitos desse processo e, nos textos originários dos debates sobre a questão, publica *A crise agrária*, em 1973. Ignácio Rangel, importante analista da economia brasileira, membro do Instituto Superior de Estudos Brasileiros (ISEB), analisa a estrutura fundiária e suas consequências em *A questão agrária brasileira*, de 1963.

Esses três últimos exemplos estão situados no contexto em que a questão da posse da terra e do entrave que esta representa para o desenvolvimento da América Latina ganha seu ponto mais alto no fim dos anos de 1950 e início de 1960. A Organização dos Estados Americanos (OEA) publicou nesse quadro um importante estudo sobre a situação da estrutura fundiária nos países das Américas Central e do Sul, marcada pela forte concentração da terra. No Brasil, projetos referentes à reforma agrária, mais de 200, tramitavam na Câmara e no Senado até março de 1964.

Há, ao lado de posições de autores e grupos políticos que apoiaram esse processo, aqueles que atuaram fortemente em direção contrária (e foram vencedores!). Ilustro com a publicação da TFP (Sociedade de Defesa da Tradição, Família e Propriedade), *Reforma agrária: questão de consciência*, de 1960, que teve largo êxito, com várias edições em três anos, totalizando 30 mil exemplares vendidos. O autor oficial é Plinio Corrêa de Oliveira, responsável pela parte ideológica do livro com o apoio dos bispos D. Antônio de Castro Mayer (Bispo de Campos, Rio de Janeiro) e D. Geraldo de Proença Sigaud (Bispo de Jacarezinho, Paraná). Esse grupo católico conservador se opôs diretamente a Dom Hélder Câmara, secretário-geral da Conferência Nacional dos Bispos do Brasil (CNBB), que divulgara as resoluções dos encontros dessa organização em favor da reforma agrária. Além disso, se colocaram contra o projeto modernizador *Revisão Agrária* apresentado à Assembleia Legislativa de São Paulo pelo governador Carvalho Pinto, cooptando deputados contra a proposta. Trata-se de ação muito importante, pois, mais tarde, em torno de suas ideias, se organiza a Marcha da Família com Deus pela Liberdade, ponto forte de apoio ao golpe de 1964. Em vários artigos do jornal *Catolicismo*, publicado pela TFP, há a menção à sua contribuição para "a criação desse clima ideológico e psicológico que se traduziu em tais manifestações de patriótico inconformismo".

O texto *Reforma agrária: questão de consciência* não se pronuncia diretamente contra a reforma agrária, mas não aceita o princípio igualitário sobre o direito à propriedade. Cito passagem introdutória do livro, pois vejo muita semelhança com posições políticas atuais:

> [...] se por reforma agrária se entende uma legislação que, sem exorbitar das funções do Estado e sem atacar o princípio da propriedade privada, visa a melhorar a situação do trabalhador rural e do agricultor, só aplausos lhe temos a dar. Não nos opomos senão a uma reforma agrária de sentido igualitário e socializante, que altere nossa estrutura agrária injustamente, de maneira a abalar o instituto da propriedade, no qual vemos, como já dissemos, a base e a condição de toda economia sadia.

Sabemos que no período seguinte, de mais de duas décadas, tanto as denominadas interpretações do Brasil como os escritos sobre a reforma agrária sofreram retrocesso, com muitos intelectuais e artistas sendo afastados de suas funções e tendo suas ideias censuradas.

A pergunta anterior lembra que as visões sobre a reforma agrária são plurais. É certo, pois traduzem a realidade da presença de forças sociais e interesses divergentes. Todo projeto de reforma de uma situação dada socialmente se constitui em um processo de intervenção na sociedade que supõe a existência de uma correlação de forças que se opõem e que traduzem uma divisão desigual de poder na sociedade. Umas se impõem contra outras. Apesar de excelentes análises sobre como a concentração de terras se constitui em obstáculo a uma plena democracia, afeta os direitos e a igualdade de condições de competição de grande parte da população brasileira, continuamos com essa herança histórica. Dados recentes do Instituto Nacional de Colonização e Reforma Agrária (Incra) mostram que apenas 0,7% das propriedades têm área superior a 2 mil hectares (20 km²); somadas, ocupam quase 50% da zona rural brasileira. Por outro lado, 60% das propriedades não chegam a 25 hectares (0,25 km²) e, mesmo tão numerosas, só cobrem 5% do território rural. Assim, a reforma agrária continua sendo um desafio a ser enfrentado e um tema que não pode ser esquecido pelo pensamento social.

(7) E como a senhora vê a questão da reforma agrária na contemporaneidade, tendo em vista o papel renovado e ampliado assumido pelo agronegócio na economia brasileira?

Como citei anteriormente, a via pela qual se optou na ocupação da fronteira econômica foi a de concentração da propriedade da terra, conforme os dados escancaram. A seu lado conhecemos, no país, uma forte concentração da renda, pois 1% da população no Brasil detém 49% da renda. Muito dessa riqueza fica no agronegócio, que representa 27% do nosso PIB. Esses aspectos mostram que a questão da reforma agrária ganha outro perfil, muito diferente daquele que citei para os anos de 1960.

O agronegócio, se considerarmos seu desempenho na diversificada produção agrícola, seu lugar em diferentes regiões do país e a posição política assumida pelos grupos que o compõem, não pode ser analisado como um todo. Lembro, para exemplificar, as formulações opostas assumidas pela Associação Brasileira do Agronegócio e a Confederação Nacional da Agricultura e Pecuária em relação ao Projeto de Lei 510/2001 apresentado ao Senado em 28/04/2023, sobre a flexibilização das regras para regularizar áreas desmatadas ilegalmente. De um lado, a Confederação da Agricultura e Pecuária do Brasil (CNA) defendia a aprovação do projeto; de outro, a Associação Brasileira do Agronegócio (ABAG) – que faz parte da Coalizão Brasil, Clima, Florestas e Agricultura – não aceitou a proposta, acusando-a de reforçar a anistia de irregularidades e sugerindo sua discussão ampla pela sociedade. O projeto, que já apresentava mais de cem emendas, teve sua discussão adiada.

Não entro em pormenores, mas reconheço que cada grupo defende interesses próprios em prol da propriedade da terra ou sua submissão. Porém, a partir desse exemplo recente, quero apontar que situações novas integram o debate sobre a reforma agrária. Além disso, a forma que assumem as mobilizações sociopolíticas em relação à aspiração de reforma agrária não se limita à reivindicação pela propriedade. Envolve o modo pelo qual se apoiam a produção, a situação de trabalho, a questão ambiental, a aplicação do crédito agrícola, o acesso à saúde, à educação, ao mercado, o uso de defensivos, o respeito às terras indígenas, às áreas quilombolas, à participação representativa dos pequenos produtores na agenda política e muito mais; além da clareza sobre as medidas tomadas. É um desafio que temos que enfrentar se queremos construir uma sociedade democrática. Para isso, a contribuição de um pensamento social lúcido é fundamental.

Karim Helayel
Rennan Pimentel

Anexos

Anexo I
Conselho Nacional das Ligas Camponesas do Brasil
(Teses para um Debate)[30]

Francisco Julião

Unificar as forças revolucionárias em torno de um programa radical
Uma forte rajada de esperanças sopra pela América Latina sacudindo as cinzas do silêncio e da inércia acumulada sobre as grandes massas oprimidas dos campos e das cidades. A liberdade, como um facho aceso, ateia chamas à consciência dos povos que vivem entre as margens do Rio Grande e os gelos da Patagônia. Dentro desse cenário colossal, duzentos e quarenta milhões de seres humanos carregam sobre os ombros humilhados a arca de ouro do imperialismo e o caixão de chumbo do latifúndio. O Brasil, que se estende quase pela metade desse continente submetido ao senhor dos dólares e ao senhor das terras, contribui com um terço dos escravizados na condução da arca e do caixão.

Nossa pátria, imensa e bela, possuindo recursos inesgotáveis, riquezas fabulosas, um solo ubérrimo e excelente clima, em condições de alimentar, vestir e calçar oitocentos milhões de pessoas, ainda exibe, nesta segunda metade do século da ciência e da técnica, do planejamento e da energia atômica, os índices mais tristes de pauperismo, de atraso, de miséria, de desemprego, de prostituição, de degradação e de fome contra seus oitenta milhões de habitantes.

---

30. Publicadas no Jornal *Liga* (nº 34, 12 de jun. 1963). Lançamento do Movimento Unificado da Revolução Brasileira (Murb); também em Julião (1968, p. 50-60).

Todo o nosso povo sofre na carne e na alma a ação que as forças reacionárias desencadeiam contra ele quando defendem uma política de conciliação com o imperialismo, ontem sob a bandeira do desenvolvimento e, agora, sob a do reformismo, ou procuram fortalecer o latifúndio a preservá-lo do ataque frontal que já lhe assestam as forças revolucionárias e progressistas do país.

Entre nós cresce o desemprego numa proporção assustadora, e com o desemprego a fome e as doenças sociais. Os camponeses são expulsos do latifúndio e, quando resistem, são violentados e massacrados por capangas e policiais a serviço ainda dos "senhores barões da terra". A mortalidade infantil atinge níveis espantosos. Há uma guerra sem quartel contra os inocentes. É o ódio de Herodes. O assassinato em massa. O genocídio. A média de vida humana decai de ano para ano, aumenta a criminalidade entre crianças e adultos, a mendicância chega a açular o apetite da besta fascista. A burguesia se diverte com um milhão de prostitutas que não encontram sequer leitos nos hospitais para seu último escarro de sangue. O analfabetismo prolifera à sombra da indústria do ensino e dos planos de educação. As favelas se abrem sobre os morros, não como flores, mas como chagas. Nascem os mocambos da podridão da lama. E as palafitas. É o marginalismo na terra da promissão. Não há sequer a necessidade de descer a detalhes. De fazer prognósticos. De exibir estatísticas. Tudo está à vista de todos. As prateleiras das livrarias, as páginas dos grandes diários, os conferencistas das mais diversas especialidades e colorações políticas e filosóficas exibem, todos os dias, pelos quatro cantos da Pátria, essas estatísticas, esses prognósticos, esses detalhes que confrangem, que amarguram, que espantam, que humilham, que revoltam e que nos desafiam à ação. Aceitaremos o desafio.

As forças em choque

Deixando de lado o critério conhecido das análises das classes e camadas sociais que compõem o povo brasileiro, distinguimos claramente duas forças em nosso país: as *Forças Reacionárias* e as *Forças Revolucionárias e Progressistas*.

Anexos

São as forças antagônicas que se polarizam na medida em que cada uma delas busca a defesa de seus próprios interesses. As forças reacionárias procuram por todos os meios submeter as forças revolucionárias e progressistas. Da ameaça do golpe para preservar o princípio de autoridade à mistificação da realidade para garantir a continuidade da *democracia representativa* há todo um sórdido processo urdido com inteligência fria e calculada, tendo sempre o mesmo objetivo: a manutenção dos privilégios com a exploração e a espoliação das massas.

As forças revolucionárias e progressistas, por sua vez, lutam para eliminar as forças reacionárias, que conservam ainda em seu poder as terras, as fábricas, os bancos, o comércio atacadista, os meios de propaganda, de transporte, as armas e outros privilégios. É fácil a sua caracterização. São forças reacionárias aquelas que defendem intransigentemente a livre empresa, a intocabilidade ou o tabu da propriedade privada, a vinculação com os monopólios ianques, a remessa de lucros para fora do país, os acordos militares, alianças e pactos de qualquer natureza lesivos à soberania nacional e o exercício do poder político sem participação efetiva das massas. Nada importa que entre essas forças figurem pessoas, grupos e partidos políticos que lutam entre si pela posse do poder político ou que adotem posições mais ou menos distantes uns dos outros, esses na extrema direita, aqueles no centro, havendo até quem sustente que a carta magna é intocável e até quem queira reformá-la, se todos no fundo, na essência, defendem os mesmos princípios e desfrutam dos mesmos privilégios.

As forças revolucionárias e progressistas são precisamente as que se opõem a tudo isso.

São forças revolucionárias, o operariado urbano, o proletariado rural e os camponeses pobres, estes compostos de foreiros, parceiros, empreiteiros e pequenos proprietários rurais. São forças progressistas os pequenos produtores, os pequenos comerciantes, os camponeses médios, os estudantes e intelectuais pobres, os padres e pastores realmente cristãos, os comerciários, os pequenos funcionários públicos, os soldados, marinheiros, cabos e oficiais patriotas tanto mais progressistas e vinculados à revolução quanto mais radicalizados pela inflação que lhes devora os salários, vencimentos e etapas.

Unidade em torno da revolução brasileira

Essas forças revolucionárias e progressistas vêm sendo intensamente trabalhadas por partidos políticos, frentes populares, seitas religiosas, líderes sindicais, populistas, democratas-cristãos, esquerdistas, socialistas e comunistas e revolucionários, todos empenhados em atraí-las para o seu centro de ação, sua esfera de influência, seu comando político. Embora representem a quase totalidade do nosso povo e tenham todas as condições para varrer as forças reacionárias e conquistar o poder, falta-lhes um instrumento adequado para executar seus objetivos. Esse instrumento só pode ser forjado com o aço da unidade. Mas a unidade não depende de palavras. De discursos. De mensagens. Depende de ação e de trabalho junto às massas. E de entendimento entre as lideranças.

Todos apelam para a unidade. O Comando Geral dos Trabalhadores (CGT), a Frente Parlamentar Nacionalista (FPN), a União Brasileira dos Estudantes Secundaristas (Ubes), a Frente de Mobilização Popular (FMP), as lideranças operárias e camponesas, estudantes, militares e religiosas, revolucionárias e progressistas, os parlamentares nacionalistas e políticos mais ligados aos movimentos populares. Brizola, Arraes, Prestes, Almino, Sérgio, Neiva, Temperâni, Pelópidas, Elói, Pe. Alípio, Pe. Lage, Osvino, Garcia, para citar os mais atuantes e destacados, todos querem unidade. Nós também queremos unidade. Mas unidade em torno de que forças? Para efetivar a Revolução Brasileira. "A revolução tornou-se, hoje, inevitável em muitos países da América Latina. Tal fato não é determinado pela vontade de ninguém. É resultado das espantosas condições em que vive o homem americano, do desenvolvimento da consciência revolucionária das massas, da crise mundial do imperialismo e do movimento universal de luta dos povos subjugados" (2ª Declaração de Havana). O povo brasileiro já pode tomar uma decisão histórica capaz de eliminar para sempre os seus dois cruéis inimigos, o imperialismo e o latifúndio, e de elevar em espaço de tempo relativamente curto os seus índices de vida, desde que utilize em proveito próprio todas as riquezas de que é dotado. Mas para tomar essa decisão precisa de unidade. E de organização. Para evitar os movimentos espontâneos, sem objetivos bem definidos, que se possam perder, retardando a marcha da Revolução Brasileira. Queremos a Revolução Brasileira, isto é, a mudança da estrutura política e social do país.

Quem vai fazer essa Revolução? A direita, o centro ou a esquerda? Serão as massas unidas. As massas organizadas. As massas conscientes do seu papel histórico. Exigindo reformas. Mas que reformas? Simples reformas de base? Não. Reformas de base radicais. Sim. Porque as de base pura e simplesmente querem a direita e o centro, uns com a constituição reformada, outros sem isso. De reformas de base já falava o imperialismo em Punta del Este. De reformas de base fala o latifúndio. Impõe-se, assim, que se acrescente o adjetivo *radical* a cada reforma de base para que seja reforma de verdade e nunca uma mistificação, um engodo, uma mentira, para enganar as massas.

Reforma agrária radical

A primeira dessas reformas, a mais reclamada por nosso povo, nos campos, nas fábricas, nas escolas, nos quartéis, nos condomínios populares, por toda parte, é a Reforma Agrária Radical. Quem deve opinar em primeiro lugar sobre essa reforma? Os camponeses? Sim, porque são eles que trabalham a terra e nela vivem, nela sofrem e por ela morrem. Os camponeses já disseram em Belo Horizonte, no seu *I Congresso Nacional*, entre 15 e 17 de novembro de 1961, através de todas as organizações existentes no país, das Ligas Camponesas da Ultab, do Master, dos Sindicatos Rurais, das Confederações e Federações e também da Comissão Nacional pela Reforma Agrária, o que mais lhes interessa, aquilo que sentem e o que é justo que se faça. E o disseram pela boca de 1.600 delegados de todo o país, diante de grande massa popular, representantes da classe operária, da intelectualidade, dos estudantes, do Presidente da República em pessoa, do Primeiro-ministro, de outros Ministros de Estado, de Deputados Federais, Estaduais, do Governador e Vice-Governador de Minas Gerais e do Prefeito de Belo Horizonte.

Em que consiste a Reforma Agrária Radical? Deverá consistir, no mínimo, do seguinte:

a) radical transformação da estrutura agrária do país, com a liquidação do monopólio de propriedade da terra exercido pelos latifundiários, principalmente com a desapropriação, pelo governo federal, dos latifúndios, substituindo-se a propriedade monopolista da terra pela propriedade camponesa, em forma individual ou associada, e a propriedade estatal;

b) máximo acesso à posse e ao uso da terra pelos que nela desejam trabalhar, à base de venda, usufruto ou aluguel a preços módicos das terras desapropriadas dos latifundiários e da distribuição gratuita das terras devolutas;

c) respeito ao amplo e livre e democrático direito de organização independente dos camponeses em suas associações de classe;

d) plena garantia à sindicalização livre e autônoma dos assalariados e semiassalariados do campo;

e) aplicação efetiva da legislação trabalhista aos trabalhadores agrícolas do mesmo modo que é aplicada aos trabalhadores urbanos;

f) ajuda imediata à economia camponesa sob todas as suas formas;

g) urgente eliminação do § 16 do Artigo 141, da Constituição Federal, de modo que as indenizações por interesse público sejam feitas mediante títulos do poder público, resgatáveis a longo prazo e a juros baixos;

h) completo levantamento cadastral de todas as propriedades de área superior a 500 hectares e seu aproveitamento;

i) desapropriação pelo governo federal das terras não aproveitadas das propriedades com área superior a 500 hectares, a partir das regiões mais populosas, das proximidades dos centros urbanos, das principais vias de comunicação e reservas de água;

j) levantamento cadastral completo pelos governos federal, estaduais e municipais, de todas as terras devolutas;

k) retombamento e atualização de todos os títulos de posse da terra para anulação dos títulos ilegais ou precários de posse e reversão das terras à propriedade pública;

l) imposto territorial progressivo através de uma legislação tributária que estabeleça forte aumento de sua incidência sobre a grande propriedade agrícola e isenção fiscal para a pequena propriedade agrícola;

m) regulamentação da venda, usufruto ou arrendamento das terras desapropriadas dos latifundiários, levando em conta que em nenhum caso poderão ser feitas concessões cuja área seja superior a 500 hectares ou inferior ao mínimo vital às necessidades da pequena economia camponesa;

n) proibição da entrega de terras públicas àqueles que as possam utilizar para fins especulativos;

o) outorga de título de propriedade aos atuais posseiros que efetivamente trabalham a terra, bem como defesa intransigente de seus direitos contra a grilagem;

p) planificação, estímulo e facilidade à formação de economia camponesa através da produção cooperativa;

r) ampliação da rede estadual de armazéns e silos e criação de supermercados nas cidades;

s) criação do Instituto Brasileiro de Reforma Agrária (Ibra), com a finalidade de planejar e dirigir a produção agrícola do país, assim como a assistência técnica, habitacional e sanitária, além de ensino e alfabetização.

Reforma urbana radical

A segunda reforma a ser adotada é a reforma urbana radical. Quem deve antes de todos opinar sobre ela? O operariado urbano, os pequenos funcionários públicos, os estudantes e intelectuais pobres, os comerciários, os soldados, marinheiros, cabos, sargentos, suboficiais patriotas, os pequenos produtores e pequenos comerciantes e todos os favelados.

Deverá consistir no mínimo do seguinte:

a) redução de 50% sobre os aluguéis das habitações urbanas, e transformação de cada inquilino em promitente comprador de imóvel que habita; matéria esta já constante de projeto de lei do Deputado Sérgio Magalhães;

b) incorporação à casa, quando esta já for própria, do terreno ainda sob aforamento ou locação, através do mesmo processo de compra estabelecido para a habitação;

c) desapropriação das grandes companhias imobiliárias e efetivação de planos de habitação à base de casas pré-fabricadas;

d) instituição de pensão vitalícia com reajustamento progressivo às pessoas que, dispondo de no máximo três casas, vivam exclusivamente do seu aluguel de modo a compensar a diferença dos 50% a que se refere a alínea a;

e) criação do Instituto Nacional de Reforma Urbana, com a finalidade de planificar e executar a construção da casa própria.

Reforma radical do ensino

A terceira reforma a ser empreendida imediatamente é a Reforma Radical do Ensino. Quem deve ditar as normas para sua efetivação? Os estudantes em primeiro lugar. E em seguida os professores. Deve consistir, no mínimo, do seguinte:

a) adoção do ensino gratuito para qualquer grau, ao alcance das massas urbanas e rurais, tendo em vista o princípio de que todos são iguais, perante o direito à educação;

b) participação dos estudantes de nível secundário, universitário e técnico-profissional, nos conselhos escolares e universitários, sempre proporcional ao número de alunos em relação aos professores e funcionários, tomando-se por base o princípio da representação democrática;

c) abolição definitiva da indústria do ensino em qualquer dos seus ramos, graus e especialidades;

Anexos

d) coexistência das diversas orientações religiosas e filosóficas do ensino, facultando-se aos pais a orientação que queiram dar aos filhos;

e) criação de cursos de aperfeiçoamento profissional nos próprios locais de trabalho, obedecendo a horário flexível, com o objetivo de melhorar o nível técnico dos trabalhadores, tendo em vista o princípio universal de que o trabalho humano é o criador de riquezas;

f) formação de maior número possível de técnicos de nível médio indispensável ao desenvolvimento industrial do país;

g) colaboração estreita e permanente entre o Ministério da Educação e o Instituto Nacional de Reforma Agrária, para que a educação e os diversos níveis de ensino sejam realmente acessíveis às populações rurais;

h) aparelhamento de todas as escolas e faculdades de agronomia, veterinária, arquitetura, medicina, administração, educação e outras, e criação de novas onde se fizer necessária, para levar o progresso científico e técnico a todos os recantos da Pátria, especialmente aos campos;

i) elaboração de um programa intensivo de bolsas de estudo, tanto para professores, como para os alunos, junto aos países mais adiantados e sem qualquer discriminação.

Reforma industrial radical

A quarta reforma que defendemos como necessária à liberação de nossa pátria é a Reforma Industrial Radical, sobre a qual devem ser ouvidos os trabalhadores. Consiste, no mínimo, do seguinte:

a) encampação das grandes empresas;

b) desenvolvimento acelerado das indústrias de base;

c) auxílio técnico e financeiro à pequena indústria;

d) concretização do preceito constitucional que determina a participação dos trabalhadores nos lucros da empresa;

e) formação de comissões mistas de técnicos e operários para a direção das fábricas;

f) elaboração de um plano nacional de industrialização, para liquidar com o desemprego e elevar rapidamente o nível de vida do povo.

Reforma bancária radical

A quinta reforma pela qual se baterá o Movimento Unificado é a Reforma Bancária Radical. Para realizá-la, devem ser ouvidos os bancários, economistas, atuários, contabilistas, em lugar dos banqueiros; os camponeses e os assalariados, em lugar dos latifundiários; os trabalhadores urbanos em lugar dos capitães da indústria; os pequenos comerciantes e pequenos produtores em lugar dos grossistas especuladores, intermediários e agiotas. Deve consistir, no mínimo, do seguinte:

a) transformação do Banco do Brasil em Banco Central, com encargos de executar a política monetária, creditícia e bancária do País, através de um conselho em que os trabalhadores estejam representados;

b) nacionalização dos estabelecimentos de crédito com aproveitamento de todos os funcionários e sua incorporação ao Banco Central;

c) seleção do crédito de modo a promover o desenvolvimento equilibrado no País;

d) proibição de remessa de capital para o exterior.

Outras reformas radicais

Ainda como reformas radicais queremos:

a) reduzir progressivamente os efetivos militares, com aproveitamento dos excedentes em outras atividades, pois não se compreende que um país subdesenvolvido como o nosso empregue em armamentos superados em face dos foguetes balísticos e intercontinentais somas elevadas que deveriam ser aplicadas no próprio desenvolvimento econômico nacional;

b) criar milícias voluntárias de operários, camponeses e estudantes, com o objetivo de se unirem às forças armadas regulares na defesa da Pátria contra qualquer agressão externa ou subversão ao regime instituído pelas massas;

c) transformar os quartéis em escolas técnicas e hospitais, na medida em que forem reduzidos os efetivos militares;

d) eliminar os dispositivos do regulamento disciplinar do Exército, Marinha e da Aeronáutica, vexatórios às praças de pré e aos oficiais menos graduados em relação aos seus superiores, sem quebra do princípio de autoridade, que deve ter por base a camaradagem, a fraternidade e o respeito mútuo;

e) transformar a mão de obra especializada e subutilizada de alta frequência entre oficiais do Exército, Marinha e Aeronáutica, empregando-a no desenvolvimento industrial e tecnológico do País;

f) padronizar a comida nos quartéis, de modo que um praça de pré se sirva do mesmo alimento que um oficial superior, já que a Pátria não distingue entre um e outro;

g) federalizar a Justiça e as Polícias Estaduais;

h) revogar a Lei de Segurança Nacional;

i) estender o voto ao analfabeto e ao praça de pré;

j) finalmente, promover a imediata revisão de todos os Códigos de Direito Público e Privado e a Legislação Correlata, adaptando-os às transformações políticas, econômicas e sociais de nossa época.

Organizar as massas

Para realização desse programa é preciso unir e organizar as massas, em torno de um *Movimento* amplo e dinâmico, capaz de atrair e empolgar as forças populares dispersas, sem rumos bem definidos que, nos campos, nas fábricas, nas escolas e nos quartéis, buscam solução para seus problemas. Será o *Movimento Unificado da Revolução Brasileira* (Murb). Como um movimento patriótico, deve ter uma bandeira, *O Pavilhão Nacional*. Não há outro mais belo a ser empunhado pelo nosso povo. Deve ter um hino: *O Hino da Independência.*

Nenhum outro melhor para exprimir os anseios de libertação de nosso povo como esse hino, cantado nas escolas e quartéis, hino vibrante e forte em que se exalta a Pátria e a liberdade e por ambas se oferece a vida. Tomemos como Patrono Nacional do Movimento a figura de Joaquim José da Silva Xavier, o Alferes Tiradentes. À sombra do Pavilhão Nacional, com o Hino da Independência e sob a inspiração de Tiradentes, o *Movimento Unificado da Revolução Brasileira* (Murb) se constitui, assim, numa organização de caráter político-patriótico, capaz de congregar os melhores filhos de nosso povo, independentemente de sua condição social ideológica religiosa, que estejam dispostos a libertar o Brasil do atraso da miséria, instaurando uma nova República, inspirada na vontade das massas.

Com o Povo e pela Pátria!

Pelo Conselho Nacional das Ligas Camponesas do Brasil.

Francisco Julião
Presidente

Anexo II
Organização política das Ligas Camponesas no Brasil[31]

I – As Ligas Camponesas do Brasil são associações civis registradas reunindo pessoas que lutam pela reforma radical em nosso País como medida inadiável para libertar da fome e da miséria dezenas de milhares de brasileiros submetidos a relações de produção semifeudais e a exploração do latifúndio e do imperialismo.

II – Em virtude do grande apoio que a reforma agrária radical constrói, nas cidades, principalmente entre os operários, estudantes, profissionais liberais e a classe média em geral, estão sendo

---

31. Publicado no Jornal *A Liga* (11 mar. 1964).

Anexos

163

criadas também as Ligas Urbanas que objetivam libertar os camponeses e o nosso povo do latifúndio e do imperialismo, e especialmente luta pela melhoria das condições de vida dos trabalhadores da cidade e pela adoção da reforma urbana radical.

III – As Ligas, por conseguinte, são formadas pelas Ligas Camponesas e Ligas Urbanas, fundamentalmente. Em alguns lugares têm sido formadas as Ligas femininas e as Ligas de pescadores com os mesmos objetivos das Ligas camponesas e mais ainda com o propósito de lutar por reivindicações específicas.

IV – As Ligas têm bases sociais principalmente no campo, onde o movimento reivindicatório e libertário já data de alguns anos.

V – As Ligas urbanas, Ligas femininas e Ligas de pescadores são de surgimento mais recente, obedecendo igualmente, como as Ligas camponesas, a orientação política radical do Deputado Socialista Francisco Julião.

VI – A principal bandeira de luta das Ligas camponesas do Brasil é a Reforma Agrária Radical, com base no princípio de que "a terra deve pertencer a quem nela trabalha".

VII – A principal palavra de ordem das Ligas urbanas é a luta pela reforma urbana radical, com base no princípio de que "a casa deve pertencer a quem nela vive", excetuando-se só os imóveis pertencentes aos arrimos de família e às viúvas pobres.

VIII – As Ligas femininas lutam a favor da absoluta igualdade de direitos da mulher em relação aos dos homens.

IX – As Ligas camponesas, as Ligas urbanas, as Ligas femininas e as Ligas dos pescadores são mais conhecidas dentro do País pelo nome de Ligas Camponesas do Brasil e são dirigidas pelo Deputado Socialista Francisco Julião.

X – As Ligas Camponesas do Brasil têm posição firmada na luta contra o Feudalismo e o Imperialismo, os quais simultaneamente exploram a grande maioria de nosso povo e subjugam a Nação.

XI – As Ligas funcionam com duas secções denominadas Organização de Massa e Organização Política.

XII – A Organização de Massas das Ligas Camponesas do Brasil reúne camponeses (Ligas Camponesas), moradores da cidade (Ligas Urbanas), mulheres (Ligas Femininas) pescadores (Ligas dos Pescadores), Ligas dos Desempregados, Ligas dos Sargentos etc., e os Sindicatos obedecem à orientação das Ligas.

XIII – À Organização de Massas das Ligas podem pertencer todas as pessoas que admitem a necessidade da Reforma Agrária Radical, com base no princípio de que "a terra deve pertencer a quem trabalha".

XIV – Não pode ser sócio da Liga Urbana ou da Liga Feminina ou qualquer outra organização de massa das Ligas a pessoa que não admite o princípio da Reforma Agrária Radical, ainda que aceite a luta pelas reivindicações específicas de sua respectiva Liga.

XV – A Organização Política das Ligas Camponesas do Brasil reúne somente determinados membros da Organização de Massas. Só os que mais se destacam em seu trabalho e reúnem qualidades políticas, ideológicas e morais, que justifiquem sua condição de militante da organização política.

XVI – Enquanto na Organização de Massas das Ligas o ingresso é franco para os que aceitam o princípio da Reforma Agrária Radical, na organização política o ingresso depende de convite.

XVII – Para ingressar na Organização Política das Ligas Camponesas, o convidado deverá ter demonstrado na prática:

a) dedicação e amor à causa camponesa, à Nação e ao povo;

b) capacidade de trabalho na Organização de Massa;

c) aceitar a rigorosa disciplina da organização política;

d) condições morais apropriadas para um militante;

e) nível político e ideológico do proletariado.

XVIII – A Organização de Massas das Ligas está regida por vários Estatutos adequados ao caráter de cada uma das Ligas e adaptados às peculiaridades locais e às circunstâncias de seu funcionamento.

XIX – A Organização Política está regida por um Estatuto único, cuja aceitação é imprescindível para a admissão do militante.

Anexos

A Centralização democrática

XX – Na Organização Política das Ligas Camponesas do Brasil, a centralização democrática é a base da sua unidade e se fundamenta nos seguintes pontos:

1º) No desenvolvimento do trabalho em todas as etapas da Organização Política se deve respeitar e estimular democraticamente, ou seja, favorecer a amplitude e a iniciativa de seus militantes, desde a base até a direção superior;

2º) Os organismos são eleitos democraticamente e exercem trabalho coletivo, sem excluir a responsabilidade individual;

3º) As decisões devem ser coletivas, obrigando-se a minoria a aceitar e aplicar as decisões da maioria;

4º) As decisões dos organismos superiores são obrigatórias para os organismos inferiores;

5º) Não se tolera a iniciativa fraccionista (divisionista) ou qualquer ação que rompa ou ameace a unidade, a disciplina, linha política e os princípios da organização política.

Anexo III
Declaração de Belo Horizonte[32]

Na sessão de encerramento dos trabalhos do *I Congresso Nacional de Lavradores e Trabalhadores Agrícolas*, em Belo Horizonte, com a presença de 1.600 delegados de todo o país, grande massa popular, representantes da classe operária, da intelectualidade, dos estudantes, autoridades governamentais, inclusive o presidente da República e o primeiro-ministro, foi unanimemente aprovada a seguinte *Declaração*:

As massas camponesas oprimidas e exploradas de nosso país, reunidas em seu *I Congresso Nacional*, vêm por meio desta Decla-

---

32. Publicado em Julião (1962, p. 81-87).

ração manifestar a sua decisão inabalável de lutar por uma reforma agrária radical. Uma tal reforma nada tem a ver com as medidas paliativas propostas pelas forças retrógradas da Nação, cujo objetivo é adiar por mais algum tempo a liquidação da propriedade latifundiária. A bandeira da reforma agrária radical é a única bandeira capaz de unir e organizar as forças nacionais que desejam o bem-estar e a felicidade das massas trabalhadoras rurais e o progresso do Brasil.

O *I Congresso Nacional de Lavradores e Trabalhadores Agrícolas*, após os debates travados durante todo o período de sua realização, definiu os elementos básicos que caracterizam a situação atual das massas camponesas e fixou os princípios gerais a que se deve subordinar uma reforma agrária radical.

A característica principal da situação agrária brasileira é o forte predomínio da propriedade latifundiária. Com uma população rural de cerca de 28 milhões de habitantes, existem no Brasil apenas 2.065.000 propriedades agrícolas. Neste número incluem-se 70 mil propriedades agrícolas existentes, mas que possuem 62,33% da área total ocupada do país.

É o monopólio da terra, vinculada ao capital colonizador estrangeiro, notadamente o norte-americano, que nele se apoia para dominar a vida política brasileira e melhor explorar a riqueza do Brasil. É o monopólio da terra o responsável pela baixa produtividade de nossa agricultura, pelo alto custo de vida e de exploração semifeudal que escravizam e brutalizam milhões de camponeses sem terra. Essa estrutura agrária caduca, atrasada, bárbara e desumana constitui um entrave decisivo ao desenvolvimento nacional e é uma das formas mais evidentes do processo espoliativo interno.

A fim de superar a atuai situação de subdesenvolvimento crônico, de profunda instabilidade econômica, política e social e, sobretudo, para deter a miséria e a fome crescentes e elevar o baixo nível de vida do povo em geral e melhorar as insuportáveis condições de vida e de trabalho a que estão submetidas as massas camponesas, torna-se cada vez mais urgente e imperiosa a necessidade da realização de uma reforma agrária que modifique *radicalmente* a atual

Anexos

estrutura de nossa economia agrária e as relações sociais imperantes no campo.

A reforma agrária não poderá ter êxito se não partir da ruptura imediata e da mais completa liquidação do monopólio da terra, exercido pelas forças retrógradas do latifúndio e o consequente estabelecimento do livre e fácil acesso à terra dos que a queiram trabalhar.

É necessário, igualmente, que a reforma agrária satisfaça as necessidades mais sentidas e as reivindicações imediatas dos homens do campo. Que responda, portanto, aos anseios e interesses vitais dos que trabalham a terra e que, aqui, se encontram reunidos, através de seus representantes e delegados de todo o país ao *I Congresso Nacional dos Lavradores e Trabalhadores Agrícolas* do Brasil.

Para os homens que trabalham a terra, a reforma agrária, isto é, a completa e justa solução da questão agrária no país, é a única maneira de resolver efetivamente os graves problemas em que se debatem as massas camponesas e, portanto, elas, mais de que qualquer outra parcela da população brasileira, estão interessadas em sua realização. As massas camponesas têm a consciência de que a solução final dessa questão depende delas.

A execução de uma reforma agrária, efetivamente democrática e progressista, só poderá ser alcançada à base da mais ampla e vigorosa ação, organizada e decidida, das massas trabalhadoras do campo, fraternalmente ajudadas em sua luta pelo proletariado das cidades, os estudantes, a intelectualidade e demais forças nacionalistas e democráticas do povo brasileiro.

As medidas aqui propostas, capazes de realmente conduzirem à solução do magno problema da reforma agrária em nossa pátria, evidentemente se chocam e se contrapõem aos interesses e soluções preconizadas pelas forças sociais que se beneficiam e prosperam à base da manutenção da arcaica e nociva estrutura agrária atual.

Sobre essa estrutura repousa a instável economia, dependente e subdesenvolvida, de nossa pátria, e que, a todo custo, essas forças procuram impedir que se modifique.

A reforma agrária que defendemos e propomos diverge e se opõe frontalmente, portanto, aos inúmeros projetos, indicações e proposições sobre as pretensas "reformas", revisões agrárias e outras manobras elaboradas e apresentadas pelos representantes daquelas forças, cujos interesses e objetivos consultam sobretudo ao desejo de manter no essencial e indefinidamente o atual estado de coisas.

A reforma agrária pela qual lutamos tem como objetivo fundamental a completa liquidação do monopólio da terra exercido pelo latifúndio, sustentáculo das relações antieconômicas e antissociais que predominam no campo e que são o principal entrave ao livre e próspero desenvolvimento agrário do país.

Com a finalidade de realizar a reforma agrária que efetivamente interessa ao povo e às massas trabalhadoras do campo, julgamos indispensável e urgente dar solução às seguintes questões:

a) Radical transformação da atual estrutura agrária do país, com a liquidação do monopólio da propriedade da terra exercido pelos latifundiários, principalmente com a desapropriação, pelo governo federal, dos latifúndios, substituindo-se a propriedade monopolista da terra pela propriedade camponesa, em forma individual ou associada, e a propriedade estatal.

b) Máximo acesso à posse e ao uso da terra pelos que nela desejam trabalhar, à base da venda, usufruto ou aluguel a preços módicos das terras desapropriadas dos latifundiários e da distribuição gratuita das terras devolutas.

Além dessas medidas que visam modificar radicalmente as atuais bases da questão agrária no que respeita ao problema da terra, são necessárias soluções que possam melhorar as atuais condições de vida e de trabalho das massas camponesas, como sejam:

a) Respeito ao amplo, livre e democrático direito de organização independente dos camponeses em suas associações de classe.

b) Aplicação efetiva da parte da legislação trabalhista já existente e que se estende aos trabalhadores agrícolas, bem como imediatas providências governamentais no sentido de impedir sua violação. Elaboração de Estatuto que vise a uma legislação trabalhista adequada aos trabalhadores rurais.

c) Plena garantia à sindicalização livre e autônoma dos assalariados e semiassalariados do campo. Reconhecimento imediato dos sindicatos rurais.

d) Ajuda efetiva e imediata à economia camponesa, sob todas as suas formas.

As massas camponesas sentem agravar-se, a cada dia que passa, o peso insuportável da situação a que estão submetidas. Por isso mesmo, se mobilizam e se organizam para lutar decididamente pela obtenção de seus objetivos, expressos em uma efetiva, democrática e patriótica reforma agrária. Essa luta já se processa e evoluirá até que sejam atingidos e realizados seus objetivos, pelos quais as massas do campo não pouparão esforços nem medirão sacrifícios.

Nas atuais condições, tudo deve ser feito para conseguir que as forças que dirigem os destinos da nação brasileira se lancem à realização de uma eficaz e inadiável política agrária, capaz de, através da execução de medidas parciais, ir dando solução às questões indispensáveis à plena realização da reforma agrária de que necessitam os lavradores agrícolas, assim como todo o povo brasileiro. Tais medidas, entre outras, são as seguintes:

a) Imediata modificação pelo Congresso Nacional do Artigo 147 da Constituição Federal em seu parágrafo 16, que estabelece a exigência de "indenização prévia, justa e em dinheiro" para os casos de desapropriação de terras por interesse social. Esse dispositivo deverá ser eliminado e reformulado, determinando que as indenizações por interesse social sejam feitas mediante títulos do poder público, resgatáveis a prazo longo e a juros baixos.

b) Urgente e completo levantamento cadastral de todas as propriedades de área superior a 500 hectares e de seu aproveitamento.

c) Desapropriação, pelo governo federal, das terras não aproveitadas das propriedades com área superior a 500 hectares, a partir das regiões mais populosas, das proximidades dos grandes centros urbanos, das principais vias de comunicação e reservas de água.

d) Adoção de plano para regulamentar a indenização em títulos federais da dívida pública, a longo prazo, e a juros baixos, das terras desapropriadas, avaliadas à base do preço da terra registrado para fins fiscais.

e) Levantamento cadastral completo, pelos governos federal, estaduais e municipais, de todas as terras devolutas.

f) Retombamento e atualização de todos os títulos de posse de terra. Anulação dos títulos ilegais ou precários de posse, cujas terras devem reverter à propriedade pública.

g) O imposto territorial rural deverá ser progressivo, através de uma legislação tributária que estabeleça: 1°) forte aumento de sua incidência sobre a grande propriedade agrícola; 2°) isenção fiscal para a pequena propriedade agrícola.

h) Regulamentação da venda, concessão em usufruto ou arrendamento das terras desapropriadas aos latifúndios, levando em conta que em nenhum caso poderão ser feitas concessões cuja área seja superior a 500 hectares, nem inferior ao mínimo vital às necessidades da pequena economia camponesa.

i) As terras devolutas, quer sejam de propriedade da União, dos Estados ou Municípios, devem ser concedidas gratuitamente, salvo exceções de interesse nacional, aos que nelas queiram efetivamente trabalhar.

j) Proibição da entrega de terras públicas àqueles que as possam utilizar para fins especulativos.

k) Outorga de títulos de propriedade aos atuais posseiros que efetivamente trabalham a terra, bem como defesa intransigente de seus direitos contra a grilagem.

l) Que seja planificada, facilitada e estimulada a formação de núcleos de economia camponesa, através da produção cooperativa.

Com vistas a um rápido aumento da produção, principalmente de gêneros alimentícios, que possa atenuar e corrigir a asfixiante carestia de vida em que se debate a população do país, sobretudo as

Anexos

massas trabalhadoras da cidade e do campo, o Estado deverá elaborar um plano de fomento da agricultura que assegure preços mínimos compensadores nas fontes de produção; transporte eficiente e barato; favoreça a compra de instrumentos agrícolas e outros meios de produção; garanta o fornecimento de sementes, adubos, inseticidas etc., aos pequenos agricultores; conceda crédito acessível aos pequenos cultivadores, proprietários ou não, e combata o favoritismo dos grandes fazendeiros.

O *I Congresso Nacional dos Lavradores e Trabalhadores Agrícolas* conclama o povo brasileiro a tomar em suas mãos esta bandeira e torná-la vitoriosa.

Belo Horizonte, 17 de novembro de 1961.

Anexo IV
Depoimento[33]

A Liga Camponesa de Iputinga foi a primeira do estado de Pernambuco e uma das primeiras do Brasil. Fundada no dia 3 de janeiro de 1946, com o apoio das correntes democráticas e da classe operária, a Liga Camponesa de Iputinga foi registrada sob o n. 305 no 1º Cartório de Títulos e Documentos do Recife como entidade de caráter civil e com a finalidade de pleitear junto dos poderes públicos e particulares melhores condições de vida e trabalho para seus associados. A Liga possuía uma Caixa Beneficente funcionando legalmente.

A Liga Camponesa de Iputinga conseguiu da Secretaria da Agricultura 10 hectares de terra na localidade de Bongi (colônia dos japoneses no tempo do "Estado Novo") onde se alojaram 25 famílias, cujo trabalho intenso e honesto despertou, por seus bons resultados, a atenção da imprensa, tendo a *Folha da Manhã*, um dos jornais de maior circulação no Estado, estampado, em uma de suas edições vespertinas, a seguinte manchete: "A Liga Camponesa

---

33. Depoimento de Pedro Renaux. Fundador da primeira Liga Camponesa de Pernambuco (Renaux, 1981).

de Iputinga contribui para o Barateamento do Custo de Vida", resultado de uma formidável reportagem do jornalista Luiz Beltrão. Isso era fruto do trabalho criador da Diretoria, dos associados e de todos aqueles que viveram produzindo para o bem de todos. Criamos no campo da escola de alfabetização, conquistamos sementes, adubos, arame farpado e estacas para cercas, água para irrigação e trator para gradear as terras, permitindo assim aos camponeses produzirem mais à vontade.

A segunda importante conquista foi a concessão, pela Secretaria da Agricultura, de um dos mercados públicos do bairro do Cordeiro, perto do Bongi, onde funcionou a Cooperativa dos Horticultores do Recife, na época do Estado Novo. Nesse local os camponeses vendiam os seus produtos diretamente ao povo. As feiras eram diárias e funcionavam com expediente noturno das 24 horas às 8 horas da manhã, ficando o mercado aberto até as 18 horas, vendendo hortaliças e outros produtos pelos comerciantes intermediários. Naquele mercado a Prefeitura Municipal cobrava os impostos e a Liga Camponesa de Iputinga uma pequena taxa para a manutenção dos funcionários e do prédio, no qual fizemos muitas melhorias. Esse importante trabalho deu-nos bastante experiência no trato com o público. Tudo andava conforme as Leis e as determinações da Diretoria da Liga. Eu era o responsável por aquele local. Com o apoio de todos, a Diretoria da Liga mostrou como podem os camponeses produzir em benefício do povo, com progressos para cada um individualmente, tornando assim a vida mais suave.

Com o desenvolvimento desse trabalho, chegavam diariamente à nossa sede inúmeros casos de violência contra os camponeses e até conflitos nos quadros da CLT, queixas que eram tratadas pelo Departamento Jurídico da Liga. As vitórias alcançadas nesse campo tornavam mais forte nossa organização. O campo de plantações da Liga foi inaugurado solenemente com a presença de autoridades civis e militares e mostramos para o grande público presente como viviam e plantavam os camponeses. Ante a evidência do nosso progresso, éramos chamados para fundar nossas "ligas" em diversas localidades como Cabo, Escada, Araçoiba, Contador, Jaboatão, Arco Verde, Vitória de Santo Antão, Carpina etc.

Assumiu assim a Liga de Iputinga um papel de organizadora e orientadora de outras "ligas". Tínhamos sócios em quase todo o interior de Pernambuco. Não posso esquecer aquele movimento em que os camponeses se beneficiavam organizadamente, num exemplo de quanto podem fazer com a ajuda de seus irmãos operários em benefício do povo.

A terceira conquista foi a subvenção dada pela Câmara Municipal, onde eu era vereador, e paga mensalmente pela Prefeitura do Recife. Por outro lado, a subvenção da Assembleia Estadual nunca foi paga pelo governo do Sr. Barbosa Lima Sobrinho.

A quarta vitória foi nossa participação, com os sindicatos rurais, na I Conferência Nacional dos Lavradores e Trabalhadores Agrícolas do Brasil, realizada em 1953 em São Paulo, assim como também na II, realizada em 1954, que se realizou no Pavilhão das Nações do Parque Ibirapuera. Encontramos ali a verdadeira ajuda da classe operária e dos seus sindicatos dando-nos o que precisávamos. Foi uma solidariedade exemplar, uma verdadeira apoteose. Essas conferências foram também apoiadas por personalidades do Brasil inteiro. Na segunda conferência foi criada a Ultab – União dos Lavradores e Trabalhadores Agrícolas do Brasil, que atuou em todo o território brasileiro.

O progresso de nossa Liga causou inveja e ódio aos inimigos do povo. De início ela foi marcada com o sangue de nosso primeiro presidente Antônio Francisco Lira, liquidado a balas pelos pistoleiros da Usina Tiuma em São Lourenço da Mata. A Liga foi dissolvida arbitrariamente pela violência policial, nossos lares foram invadidos, presos os diretores. A sede da Liga foi invadida, seus arquivos e documentos importantes foram levados, os camponeses foram expulsos das terras e do mercado, numa cena vandálica dos tempos de Nero em Roma, acontecendo tudo isto nos governos de Cordeiro de Faria e Etelvino Lins. Assim foram estranguladas as nossas conquistas pela ação brutal dos governos de então.

Referências

ALÁSIA DE HEREDIA, B.M. *A morada da vida*: trabalho familiar de pequenos produtores no Nordeste do Brasil. Rio de Janeiro: Paz e Terra, 1979.

AMADO, J. *Movimentos Sociais no Campo*: a Revolta de Formoso, Goiás, 1948-64. Goiânia, 1981. Mimeografado.

ANDRADE, M.C. *A terra e o homem no Nordeste*. São Paulo: Brasiliense, 1963.

ANDRADE, M.C. *A terra e o homem no Nordeste*. 2. ed. São Paulo: Brasiliense, 1964.

AZEVEDO, F.A.F. *Ligas Camponesas* – Campesinato e política – 1955-64. 1980. Dissertação (Mestrado) – Universidade Federal do Pernambuco, Recife, 1980. Mimeografado.

BASTOS, E.R.; CHAIA, V.L.M. Ideologia e projeto político: elementos para uma discussão. Comunicação apresentada ao *V Encontro do Grupo de Movimentos Sociais, do Projeto de Intercâmbio em Pesquisa Social* – Pipsa. Rio de Janeiro, abr. 1980. Mimeografado.

BECK, U. The cosmopolitan society and its enemies. *Theory, Culture and Society*, Thousand Oaks, v. 19, p. 17-44, 2002.

BORGES, C.F. O movimento camponês no Nordeste. In: *Estudos Sociais*, n. 15, p. 248-260, dez. 1962.

BOTELHO, A. (org.). *Essencial sociologia*. São Paulo: Companhia das Letras, 2013.

CALLADO, A. *Tempo de Arraes*. 2. ed. Rio de Janeiro: Paz e Terra, 1979.

CALVINO, Italo. *Os nossos antepassados*. São Paulo: Companhia das Letras, 1997.

CAMARGO, A.A. Autoritarismo e populismo, bipolaridade no sistema político brasileiro. In: *Dados*, n. 12, p. 22-45, 1976.

CAMARGO, A.A. *Brésil, Nord-Est* : Mouvements paysants et crise populiste. 1973. Tese (Doutorado) – Universidade de Paris, Paris, 1973.

176

CAMARGO, C.P.F. *Igreja e Desenvolvimento*. São Paulo: Cebrap, 1971.

CARVALHO, A.V. Reforma agrária: união e cisão no bloco agrário-industrial. In: WANDERLEY, M.N.B. *et al. Reflexões sobre a agricultura brasileira*. Rio de Janeiro: Paz e Terra, 1979.

CARVALHO, F. de. *O Comunismo no Brasil (inquérito policial militar n. 709)*, vol. 4. Biblioteca do Exército, Rio de Janeiro, 2º vol., p. 263-266, 1967.

COHN, A. *Crise regional e planejamento (o processo de criação da Sudene)*. São Paulo: Perspectiva, 1976.

DISSOLUÇÃO do Movimento Tiradentes". *O Semanário*, Rio de Janeiro, 19 de out. 1962.

ECKERT, C. O Movimento dos Agricultores sem Terra, Rio Grande do Sul. Comunicação apresentada no *VII Encontro do Grupo Movimentos Sociais no Campo*, Pipsa, Goiânia, 1981.

ELIAS, Norbert. *A peregrinação de Watteau à ilha do amor*. Rio de Janeiro: Jorge Zahar, 2005.

ENGELS, F. *La guerra de campesinos en Alemania*. Buenos Aires: Claridad, 1971.

FEDER, Ernest. *Violencia y despojo del campesino*: el latifundismo en America Latina. México: Siglo Veintiuno, 1972.

FONSECA, G. da. *Assim Falou Julião*. São Paulo: Fulgor, 1962.

FURTADO C. *Dialética do Desenvolvimento*. Rio de Janeiro: Fundo de Cultura, 1964.

GOULART, J. Mensagem ao Congresso Nacional. In: Ianni, O. *O Colapso do Populismo no Brasil*. 4. ed. Rio de Janeiro: Civilização Brasileira, 1978.

GRAZIANO DA SILVA, J. F et al. *Estrutura agrária e produção de subsistência na agricultura brasileira*. São Paulo: Hucitec, 1978.

HEWITT, C.N. Brazil: the peasant movement of Pernambuco, 1961-1964. In: LANDSBERGER, H.A. *Latin American Peasant Movements*. Ithaca: Cornell University Press, 1969.

HUIZER, G. *El potencial revolucionario del campesinado en América Latina*. México: Siglo Veintiuno, 1973.

IANNI, O. Relações de produção e proletariado rural. In: SZMRECSÁNYI, T.; QUEDA, O. *Vida Rural e Mudança Social*. São Paulo: Cia. Editora Nacional, 1972.

IANNI, O. *Colonização e contrarreforma agrária na Amazônia*. Petrópolis: Vozes, 1979.

IBGE. *O Brasil em números*. Rio de Janeiro: IBGE, 1966.

IBGE. Serviço Nacional de Recenseamento. *Censo Agrícola:* 1960 – Pernambuco, VII Recenseamento Geral do Brasil, 1960, vol. II, Tomo VI. Rio de Janeiro: 1967.

Jornal do Comércio. Recife, 1º jan. 1964.

JULIÃO, F. Um pau de arara no exílio. [Entrevista cedida a] Henfil. *Pasquim*, ano X, n. 479, Rio de Janeiro, 11 jan. 1979a.

JULIÃO, F. [Entrevista cedida a] Thereza Cesário Alvim. *Status*, n. 61, ago. 1979b.

JULIÃO, F. *Cambão*: La cara oculta del Brasil. México: Siglo Veintiuno, 1969.

JULIÃO, F. *Brasil, Antes x Después*. México: Nuestro Tiempo, 1968.

JULIÃO, F. *Que são as Ligas Camponesas* Rio de Janeiro: Civilização Brasileira, 1962.

KAUTSKY K. *A questão agrária*. Rio de Janeiro: Lammert, 1968.

KOURY, M.G.P. *O bagaço da cana (um estudo de ideologia na região do açúcar)*. 1976. Dissertação (Mestrado) – Universidade Federal do Pernambuco, Recife, 1976. Mimeografado.

LENIN, V.I. *O programa agrário da Social-Democracia na primeira Revolução Russa de 1905-1907*. São Paulo: Ciências Humanas, 1980.

LENIN, V.I. *Qué hacer?* Buenos Aires: Anteo, 1972.

A Liga, Rio de Janeiro, 11 mar. 1964.

A Liga, n. 34, Rio de Janeiro, 12 de jun. 1963.

LOUREIRO, M.R.C. *Parceria e capitalismo*. Rio de Janeiro: Zahar, 1977.

LOUREIRO, M.R.C. Trabalhador rural: submissão e contestação. In: *Ciência e Cultura*, São Paulo, vol. 31, n. 2, p. 121-128, fev. 1979.

MARTINS, J.S. *O cativeiro da terra*. São Paulo: Ciências Humanas, 1979.

MARTINS, J.S. *Capitalismo e tradicionalismo*. São Paulo: Pioneira, 1975.

MARX, K. *A miséria da filosofia*. Porto: Escorpião, 1976.

MARX, K. *El capital*: crítica de la economía política. México: Fondo de Cultura Económica, 1966.

MEDEIROS, L.S.A. *Questão da Reforma Agrária*. Grupo Movimentos Sociais no Campo, Projeto de Intercâmbio de Pesquisa Social em Agricultura, FGV, Recife, 1979. Mimeografado.

MEIRA, M. Nordeste, as sementes da subversão. *O Cruzeiro*, n. 5, p. 6-19, 11 de nov. 1961.

MOISÉS, J.A. (org.). Contradições urbanas, Estado e Movimentos Sociais. São Paulo In: *Revista de Cultura e Política*, Rio de Janeiro: Paz e Terra, 1977.

MORAES, C. Peasant leagues in Brazil. In: STAVENHAGEN, R. *Agrarian problems and peasant movements in Latin America*. Nova York: Anchor Books, 1970.

NOVAES, R.C.R. Associações religiosas e organizações de trabalhadores. Comunicação apresentada ao *III Encontro Nacional do Projeto de Intercâmbio em Pesquisa Social na Agricultura*, São Carlos, ago. 1979.

OLIVEIRA, F. de. *Elegia para uma Re(li)gião*. São Paulo: Paz e Terra, 1977.

PALMEIRA, M. Casa e Trabalho: nota sobre as relações sociais na 'plantation' tradicional. In: *Contraponto*, vol. 2, n. 2, p. 103-114, nov. 1977.

PINHEIRO NETO, J. Supra e reforma agrária. *Desenvolvimento & Conjuntura*, Rio de Janeiro, n. 9, p. 37-52, set. 1963.

RÊGO, R.M.L. *Terra de Violência:* estudo sobre a luta pela terra no Sudoeste do Paraná. 1979. Dissertação (Mestrado) – Faculdade de Filosofia, Letras e Ciências Humanas, Universidade de São Paulo, São Paulo, 1979.

RENAUX, p. Iputinga, primeira Liga Camponesa de Pernambuco. In: *Correio Sindical*, São Paulo, Ano IV, n. 20, 1981.

SÁ JR., F. O desenvolvimento da agricultura nordestina e a função das atividades de subsistência. In: *Estudos Cebrap*, São Paulo, n. 3, p. 87-147, jan. 1973.

SANTOS, J.V.T. *Colonos do vinho*. São Paulo: Hucitec, 1978.

SANTOS, J.V.T. A vivência camponesa da insuficiência econômico-social. In: *Debate e Critica*, n. 6, São Paulo, p. 171-176, jul. 1975.

SIGAUD, L. A idealização do passado numa área de plantation. *Contraponto,* ano II, n. 2, p. 115-126, nov. 1977.

SIGAUD, L. A nação dos homens: uma análise regional de ideologia. *Anuário Antropológico*, vol. 3, n. 1, p. 13-114, 1979a.

SIGAUD, L. Congressos camponeses (1953-1964). Comunicação apresentada ao *IV Encontro do Grupo Movimentos Sociais no Campo*, Pipsa, FGV, Recife, 26, 27 e 28 de nov. 1979b. Mimeografado.

SILVA, S. Agricultura e capitalismo no Brasil. In: *Contexto n. 1*, São Paulo, nov. 1976.

SILVA NETO, J.M.R. *Contribuição ao Estudo da Zona da Mata de Pernambuco*: aspectos estruturais e econômicos da área de influência das usinas de açúcar. Recife: Instituto Joaquim Nabuco de Pesquisas Sociais, 1966.

SOARES, J.A. *Nacionalismo e crise social:* o caso da Frente de Recife (1955-64). 1980. Dissertação (Mestrado) – Universidade Federal do Pernambuco, Recife, 1980, Mimeografado.

TOURAINE, A. *Pour la sociologie.* Paris: Seuil, 1974.

TOURAINE, A. *Production de la société.* Paris: Seuil, 1973.

WANDERLEY, M.N.B. *Capital e Propriedade Fundiária.* Rio de Janeiro: Paz e Terra, 1979.

GALILEIA, Z. [Entrevista cedida a] César Tácito Lopes da Costa. *O Estado de São Paulo*, 8 ago. 1961.

CLÁSSICOS BRASILEIROS DAS CIÊNCIAS SOCIAIS

VEJA OUTROS TÍTULOS DESTA COLEÇÃO EM
LIVRARIAVOZES.COM.BR/COLECOES/CLASSICOS-BRASILEIROS-DAS-CIENCIAS-SOCIAIS

Conecte-se conosco:

 facebook.com/editoravozes

 @editoravozes

 @editora_vozes

 youtube.com/editoravozes

 +55 24 2233-9033

www.vozes.com.br

Conheça nossas lojas:

www.livrariavozes.com.br

Belo Horizonte – Brasília – Campinas – Cuiabá – Curitiba
Fortaleza – Juiz de Fora – Petrópolis – Recife – São Paulo

Vozes de Bolso

EDITORA VOZES LTDA.
Rua Frei Luís, 100 – Centro – Cep 25689-900 – Petrópolis, RJ
Tel.: (24) 2233-9000 – E-mail: vendas@vozes.com.br